职业技能培训专用教材

汽车修理

魏杰　主编

经济科学出版社

图书在版编目(CIP)数据

汽车修理 / 魏杰主编. —北京:经济科学出版社,2008.12
职业技能培训专用教材
ISBN 978-7-5058-7657-6

Ⅰ.汽… Ⅱ.魏… Ⅲ.汽车—车辆修理—技术培训—教材
Ⅳ.U472.4

中国版本图书馆 CIP 数据核字(2008)第 177288 号

责任编辑:刘殿和 王东萍
责任校对:王苗苗
技术编辑:李长建

汽 车 修 理
魏杰 主编
经济科学出版社出版、发行 新华书店经销
社址:北京市海淀区阜成路甲 28 号 邮编:100142
教材编辑中心电话:88191344 发行部电话:88191540
网址:www.esp.com.cn
电子邮件:espbj3@esp.com.cn
北京密兴印刷厂印装
880×1230 32 开 5 印张 120000 字
2008 年 12 月第 1 版 2008 年 12 月第 1 次印刷
ISBN 978-7-5058-7657-6/F·6908 定价:13.00 元
(图书出现印装问题,本社负责调换)

前 言

随着经济的不断发展,城乡建设急需大量的技能人才,专业技能培训是提高劳动者素质,增加劳动者就业能力的有效措施。为了满足广大人员学习技术,掌握操作技能的要求,以及满足下岗职工转岗和农民工进城务工的需求,我们组织编写了这本浅显易懂、图文并茂的培训教材。

本教材以技能培训为主,以达到上岗要求为标准。教材的内容完全以实用为原则,简化理论知识,强化技能训练。根据生产实际,适当地减少了标准中的理论知识要求;在技能方面,舍去了标准中不常用的技能要求,加入少量中级工技能要求。

本教材主要介绍汽车构造与维修基础知识、汽车发动机的维护、汽车底盘的维护、汽车电气设备的维护和汽车简单故障诊断与排除等知识。

本教材由魏杰担任主编。本教材的编写,参考了有关著作和研究成果,在此谨向有关参考资料的作者和帮助出版的有关人员、单位表示最真挚的谢意。

由于编写时间仓促,书中难免存在不足之处,希望广大读者批评指正。

编　者

目录

第一章　汽车构造与维修基础知识

第一节　汽车结构组成

汽车一般由发动机、底盘、车身和电气设备四部分组成。

一、发动机部分

发动机主要由曲柄连杆机构、配气机构、燃料供给系、润滑系、冷却系和启动系组成。如果是汽油机还包括点火系；若是增压发动机，还应有增压系统；若是电喷发动机还有其独特点火系、燃油供给系和电子控制系统等。

1. 曲柄连杆机构

曲柄连杆机构的作用是将燃料燃烧的热能通过活塞连杆曲柄等转换成机械能对外输出做功。曲柄连杆机构由机体组、活塞连杆组和曲轴飞轮组三部分组成。

(1)机体组主要由气缸体、气缸盖、曲轴箱、气缸套、油底壳和气缸垫等零件组成，如图 1－1 所示。

(2)活塞连杆组主要由活塞、活塞环、活塞销和连杆等零件组成，如图 1－2 所示。

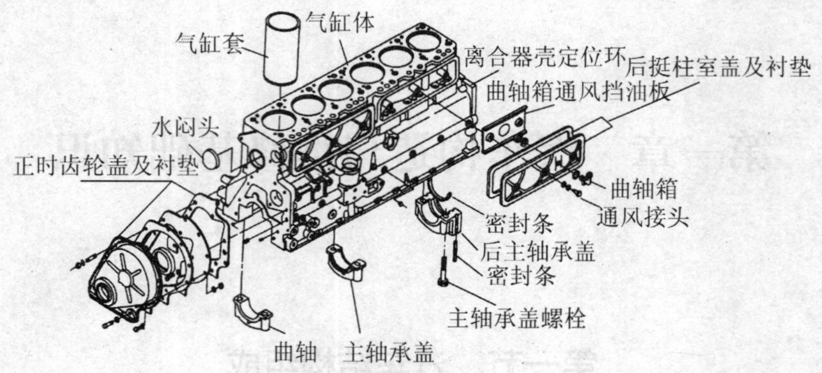

图 1－1　东风 EQ6100－1 型发动机气缸体

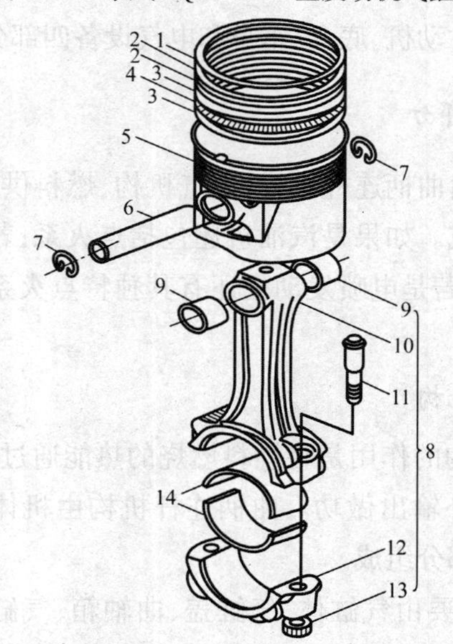

1、2－活塞环　3－油环刮片　4－油环衬簧　5－活塞　6－活塞销
7－活塞销卡环　8－连杆组　9－连杆衬套　10－连杆　11－连杆螺栓
12－连杆盖　13－连杆螺母　14－连杆轴承

图 1－2　活塞连杆组

(3)曲轴飞轮组主要由曲轴、飞轮、扭转减速器、皮带轮和正时齿轮组成,如图 1－3 所示。

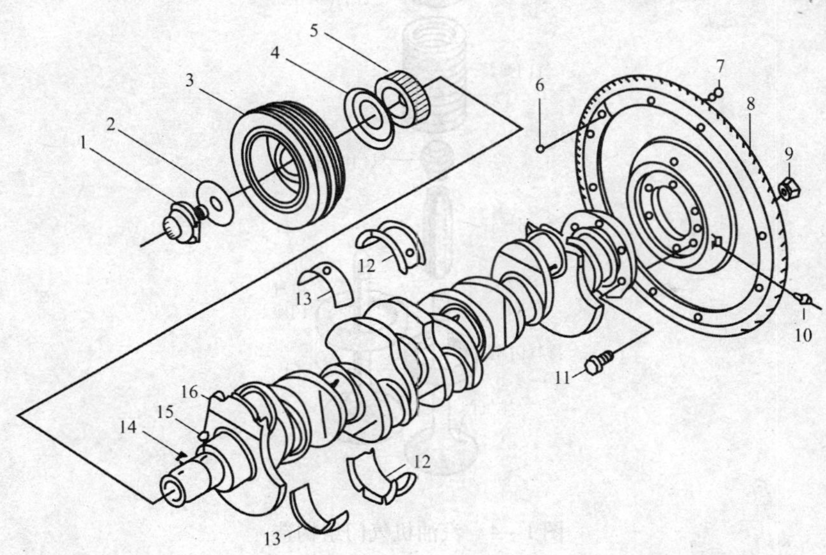

1－启动爪　2－启动爪锁紧垫片　3－扭转减速器、带轮
4－挡油片　5－正时齿轮　6－第一、第六缸活塞上止点记号用钢球
7－圆柱销　8－齿圈　9－螺母　10－润滑脂嘴　11－曲轴飞轮连接螺栓
12－中间轴承上下轴瓦　13－主轴承上下轴瓦　14、15－半圆键　16－曲轴

图 1－3　曲轴飞轮组分解图

2. 配气机构

配气机构的作用是使可燃气体及时充入气缸并排出废气。配气机构由气门组和气门传动组两部分组成。

气门组主要由气门、气门弹簧、气门锁片、气门导管、气门座、气门弹簧座和气门油封等零件组成，如图 1－4 所示。

气门传动组主要由凸轮轴、正时齿轮、挺柱、导管、推杆、摇臂和摇臂轴等零件组成，如图 1－5 所示。

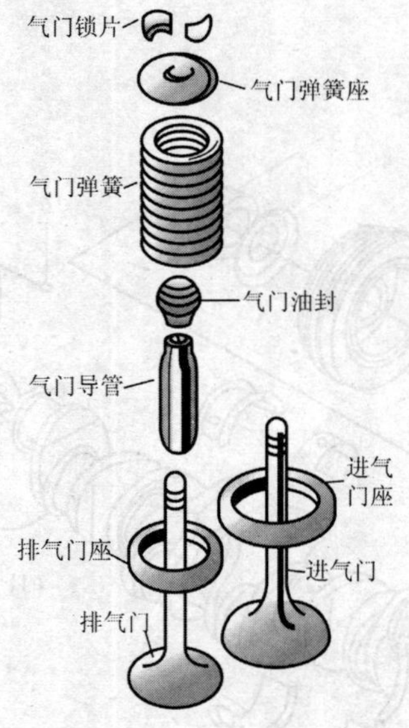

图 1-4　汽油机气门组构造

3. 汽油机燃料供给系

汽油机燃料供给系的作用是不断供给清洁的汽油和新鲜的空气,根据发动机各种工况要求,配制出一定数量的可燃混合气,送入气缸,并将燃烧后的废气排出。汽油机燃料供给系由汽油箱、汽油滤清器、汽油泵、空气滤清器、化油器/喷油器、进排气歧管、排气消声器、汽油箱容量传感器及油表等组成,如图 1-6 所示。

4. 柴油机燃料供给系

柴油机燃料供给系的作用是根据发动机各种工况要求,定时、定量、定压地把柴油按照一定规律喷入气缸,与缸内的清洁空气迅速地混合与燃烧,并将燃烧后的废气排出。柴油机燃料供给系由柴油箱、输油泵(低压泵)、柴油滤清器、喷油泵(高压泵)总成、喷油器、高压油管、回油管及空气滤清器等组成,如图 1-7 所示。

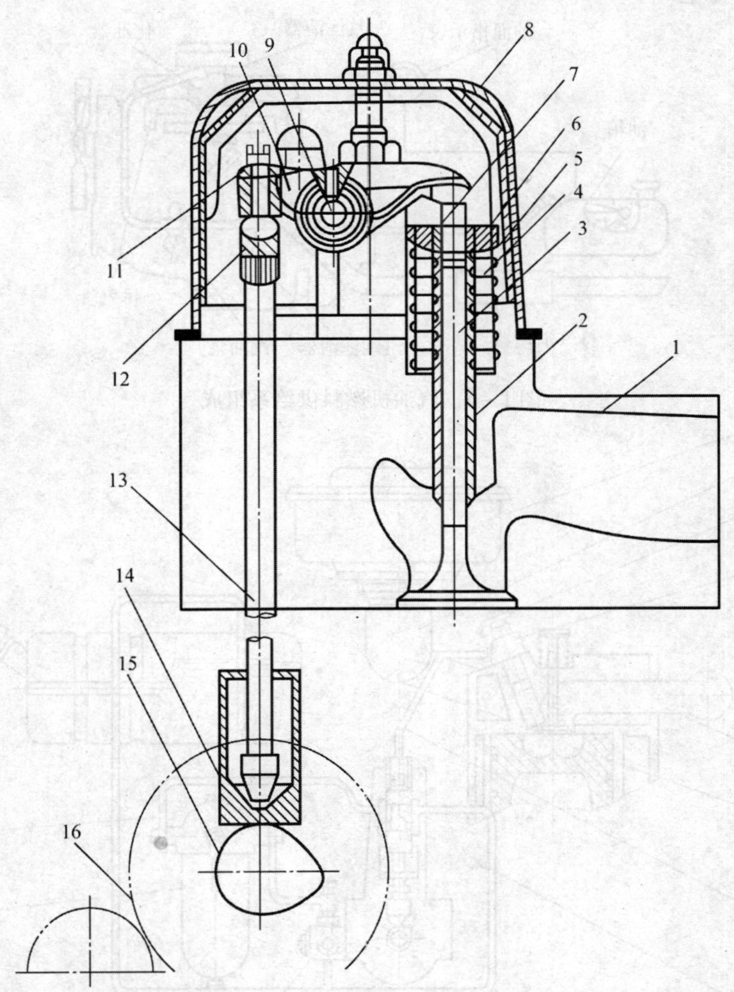

1－气缸盖　2－气门导管　3－气门　4－气门主弹簧　5－气门副弹簧
6－气门弹簧座　7－锁片　8－气门室罩　9－摇臂轴　10－摇臂　11－锁紧螺母
12－调整螺钉　13－推杆　14－挺柱　15－凸轮轴　16－正时齿轮

图1－5　气门顶置式配气机构

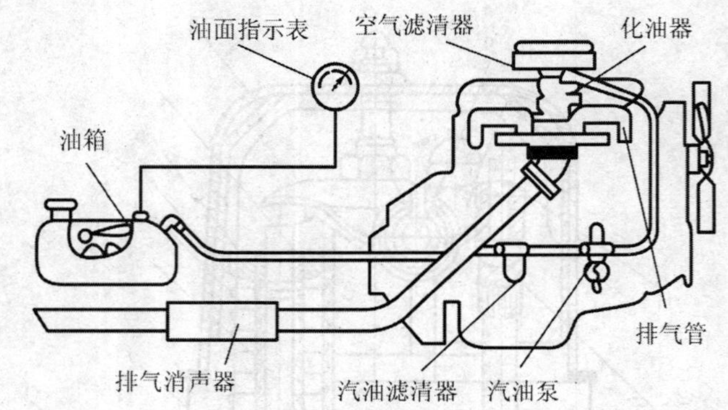

图 1－6　汽油机燃料供给系组成

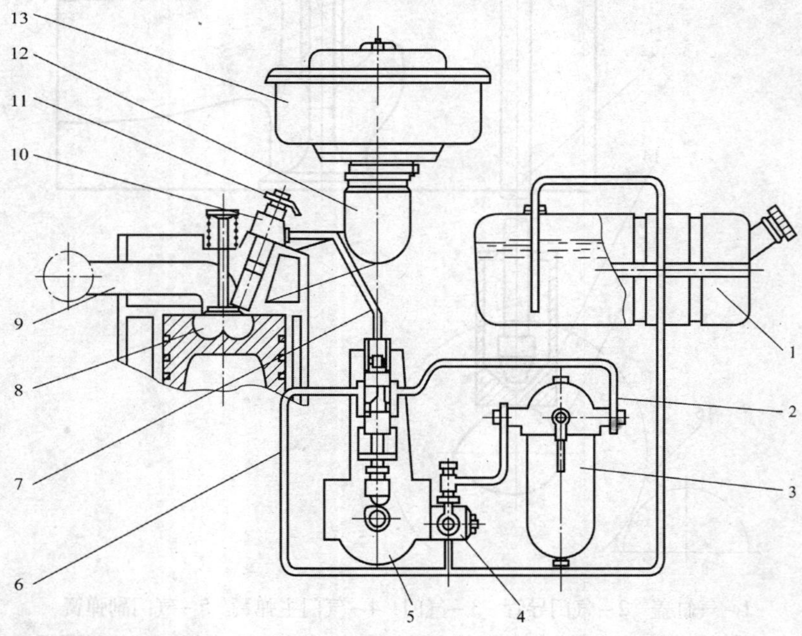

1－柴油箱　2－低压油管　3－柴油滤清器　4－输油泵　5－喷油泵
6－回油管　7－高压油管　8－燃烧室　9－排气管　10－喷油器
11－回油管　12－进气管　13－空气滤清器

图 1－7　柴油机燃料供给系的组成

5. 润滑系

润滑系的作用是连续不断地向摩擦表面提供润滑油，减少零件间的摩擦，保证内燃机正常工作。润滑系主要由机油集滤器、机油泵、机油滤清器、限压阀、机油标尺、机油压力传感器及机油压力表等组成，如图 1－8 所示。

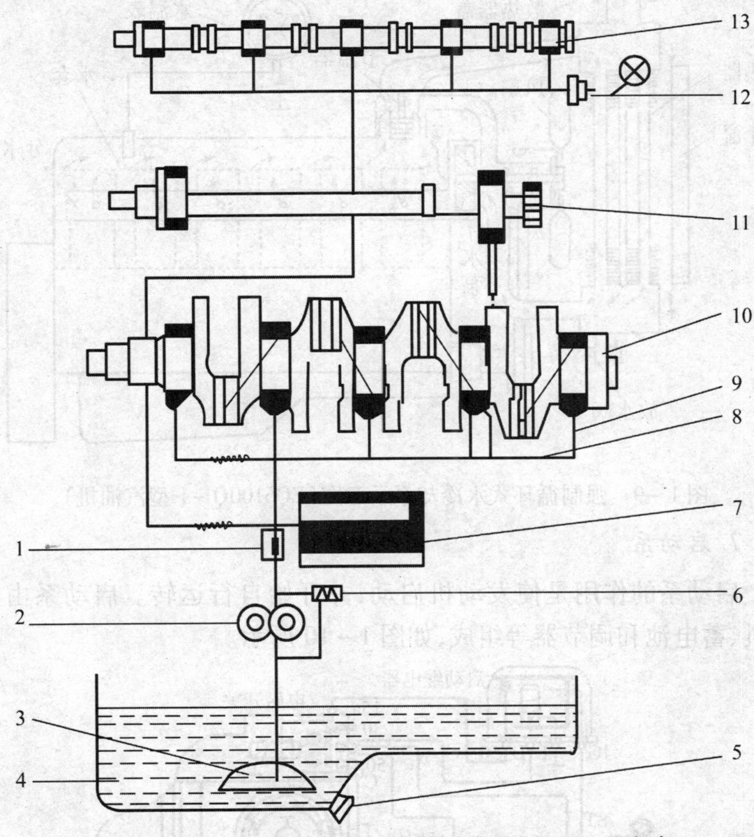

1－旁通阀 2－机油泵 3－固定式集滤器 4－油底壳
5－放油螺塞 6－安全阀 7－机油滤清器 8－主油道 9－分油道
10－曲轴 11－中间轴 12－压力开关 13－凸轮轴

图 1－8 桑塔纳 2000GSi 型轿车 AJR 型发动机润滑系示意图

6. 冷却系

冷却系的作用是保证发动机在最适宜的温度下工作。冷却系由风扇、水泵、节温器、分水管、散热器、散热器盖、百叶窗、风扇带、带轮、水温传感器及水温表等组成,如图 1－9 所示。

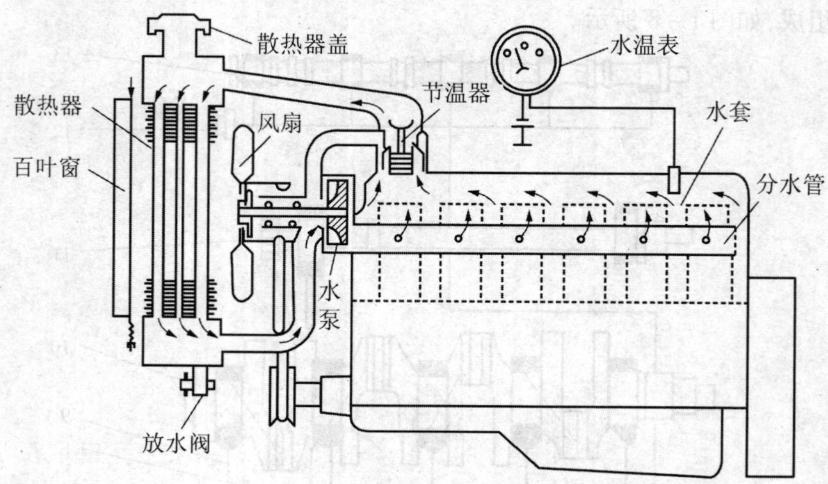

图 1－9　强制循环式水冷却系示意图(EQ6100Q－1 型汽油机)

7. 启动系

启动系的作用是使发动机启动,并开始自行运转。启动系由启动机、蓄电池和调节器等组成,如图 1－10 所示。

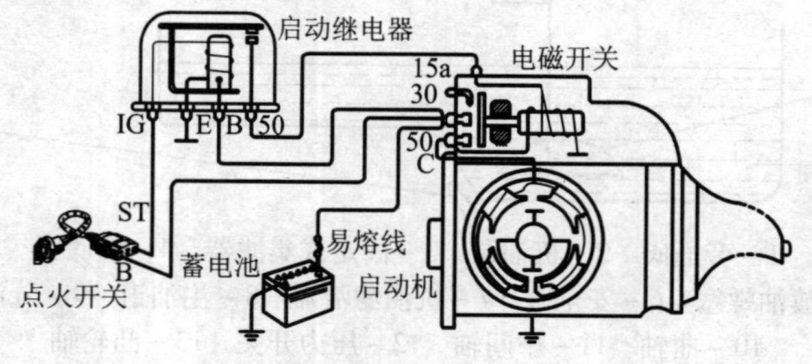

图 1－10　启动系组成示意图

8. 点火系

点火系的作用是定时产生电火花点燃气缸内的混合气。按照点火提前角的控制方式不同,点火系分为传统点火系统(又称机械触点式点火系统)、普通电子点火系统和电控点火系统三类。点火系的组成如图1－11所示。

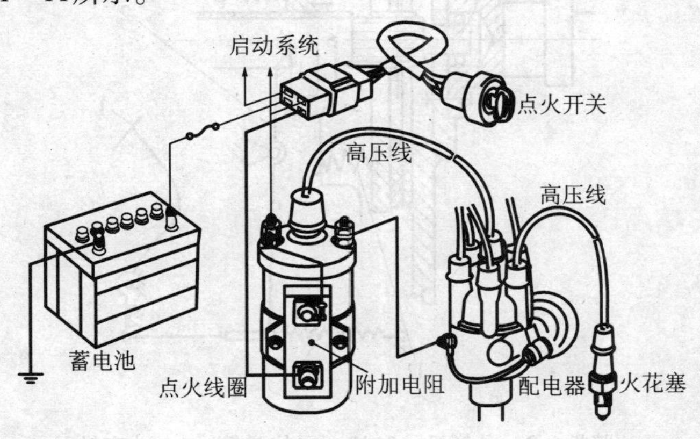

图1－11 点火系的组成

二、底盘部分

汽车底盘一般是由传动系、行驶系、转向系和制动系四部分组成的,其作用主要是支承、安装汽车发动机及其各部件,形成汽车的整体造型,并接受发动机的动力,使汽车产生运动,保证车辆的正常行驶。

1. 传动系

传动系的作用是将发动机发出的动力传给驱动车轮,以产生驱动力,保证汽车能在一定速度上行驶。

(1)离合器。汽车离合器有摩擦式离合器、液力耦合器、电磁离合器等几种。目前应用最广泛的是摩擦式离合器,它基本上由主动部分、从动部分、压紧机构和操纵机构四部分组成,如图1－12所示。

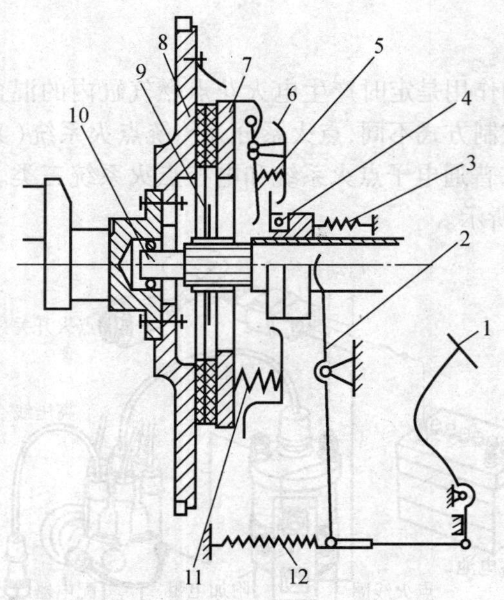

1－踏板　2－分离叉　3、12－回位弹簧　4－分离轴承
5－分离杠杆　6－离合器盖　7－压盘　8－飞轮
9－从动盘　10－变速器第一轴　11－压紧弹簧

图1－12　摩擦式离合器结构

摩擦式离合器的组成及作用见表1－1。

表1－1　摩擦式离合器的组成及作用

机构	组成	作用
主动部分	飞轮、离合器盖和压盘等	主、从动部分和压紧机构是保证离合器处于接合状态并能传递动力的基本结构
从动部分	从动盘	
压紧机构	压紧弹簧	
操纵机构	分离轴承、分离叉、踏板及传动部件	操纵机构是使离合器主、从动部分分离的装置

(2)变速器。齿轮式变速器主要由变速操纵机构、传动机构和同步器三部分组成。

(3)万向传动装置。万向传动装置一般由万向节、传动轴和中间支承等组成,是在轴线相交且相对位置经常变化的两转轴之间可靠传递动力的一种装置,如图 1－13 所示。

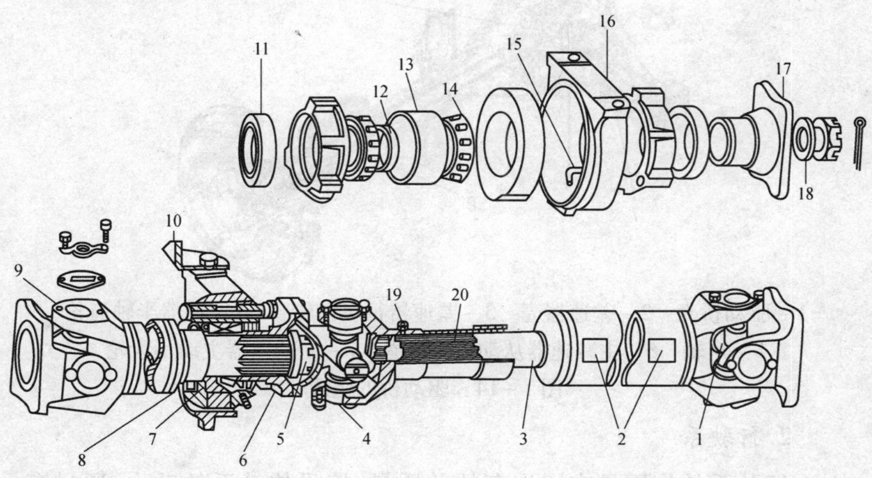

1－十字轴　2－平衡片　3－传动轴花键轴　4－滚针轴承总成　5－螺母
6、17－中间轴突缘　7、13－中间轴承　8－中间轴套管　9－焊接叉
10－车架中横梁　11－中间轴轴承油封总成　12－隔圈　14－轴承内圈
15－定位键　16－中间轴承支架　18－垫圈　19－油嘴　20－滑动叉

图 1－13　万向传动装置的组成

(4)驱动桥。一般由主减速器、差速器、半轴及桥壳等组成,如图 1－14 所示。具有转向功能的驱动桥,又称为转向驱动桥。前轮驱动汽车的前桥都是转向驱动桥。由于驱动桥使用频繁,所以故障率也较高。

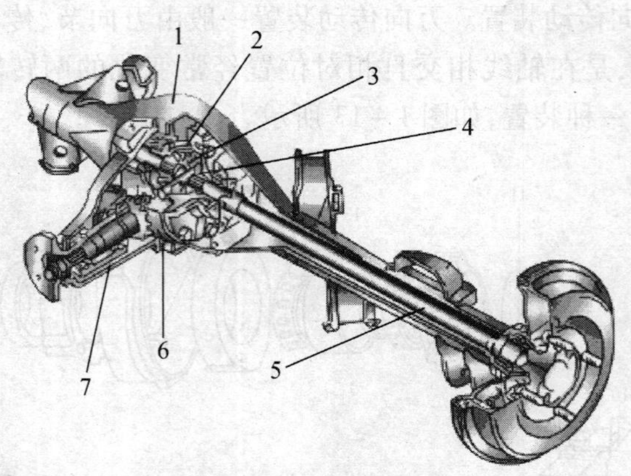

1－驱动桥壳　2－差速器壳　3－差速器行星齿轮　4－差速器半轴齿轮
5－半轴　6－主减速器从动齿轮齿圈　7－主减速器主动小齿轮

图1－14　驱动桥的组成

2. 行驶系

行驶系的作用是支承汽车的总质量；接受传动系的动力，通过车轮与路面的作用产生牵引力，使汽车正常行驶；承受并传递作用于车轮上的各种反力和力矩；缓和不平路面对车身造成的冲击，衰减振动，保持行驶的平顺性；与转向系配合，保证汽车操纵稳定性。轮式汽车行驶系的组成，如图1－15所示。

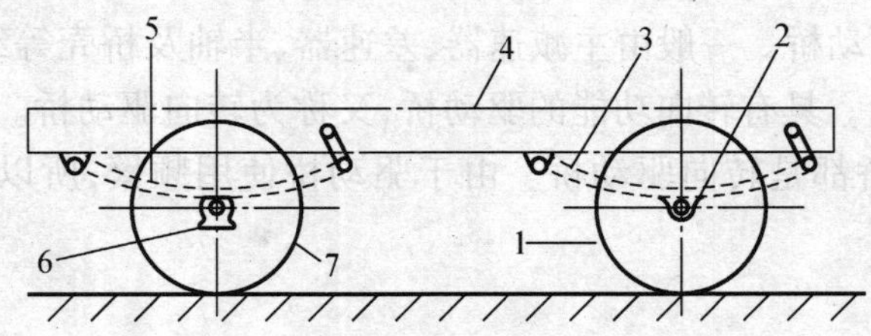

1－驱动轮　2－驱动桥　3－后悬架　4－车架
5－前悬架　6－从动桥　7－从动轮

图1－15　轮式汽车行驶系的组成

(1)车架。按其结构形式不同可分为边梁式车架、中梁式车架和综合式车架。

边梁式车架由位于左右两侧的若干根横梁和两根纵梁构成，是用铆接法或焊接法将横、纵梁连接成坚固的刚性框架，如图 1－16 所示。

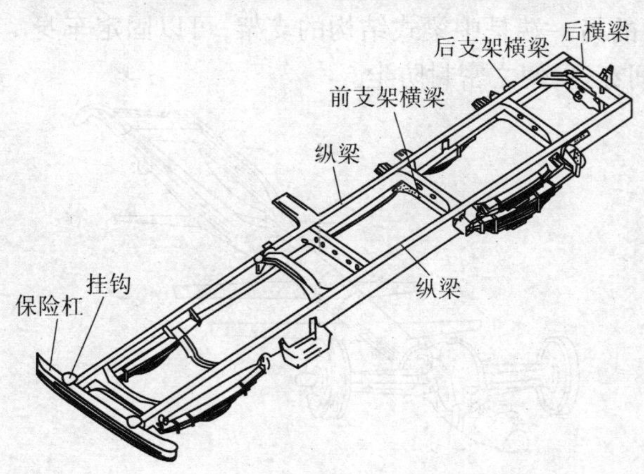

图 1－16　边梁式车架

中梁式车架只有一根位于汽车中央的纵梁，如图 1－17 所示，其上固定有横向的托架或连接梁，使车架成鱼骨形，所以中梁式车架也称脊梁式车架。

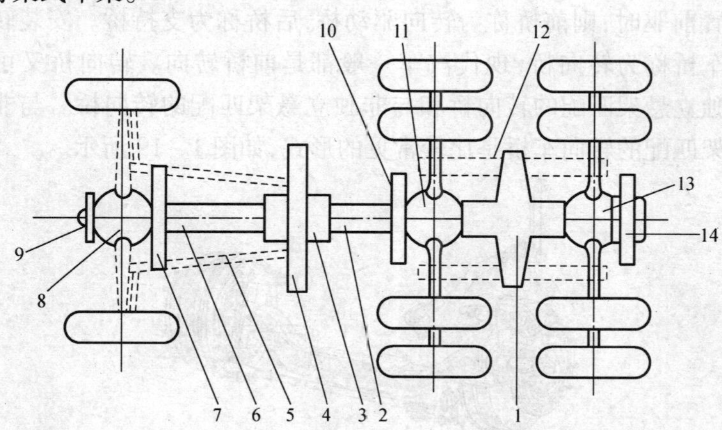

1－连接桥　2－中央脊梁　3－分动器壳　4、7、14－托架　5－扭杆弹簧
6－前脊梁　8－前桥壳　9－前托架　10－托梁　11－中桥壳
12－后悬架的钢板弹簧　13－后桥壳

图 1－17　中梁式车架

综合式车架是由边梁式和中梁式车架联合构成的,如图 1－18 所示,其车架的前端或后端是边梁式结构,用以安装发动机或后驱动桥,而车架的另一端是中梁式结构的支架,可以固定车身。传动轴从中梁的中间穿过,使之密封防尘。

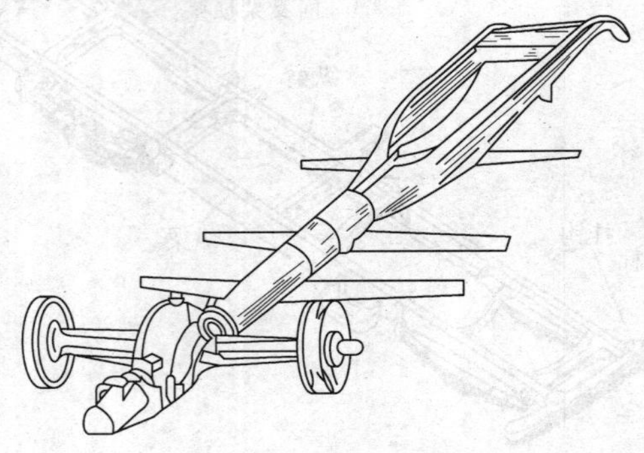

图 1－18　综合式车架

(2)车桥。根据驱动方式和使用功能的不同可分为转向桥、转向驱动桥、驱动桥和支持桥。其中,转向桥和支持桥属于从动桥。当汽车采用前置后驱时,前桥称为转向桥,后桥作为驱动桥;而当汽车采用前置前驱时,则前桥称为转向驱动桥,后桥称为支持桥。安装转向轮的车桥称为转向桥,现代汽车一般都是前桥转向。转向桥又可分为与独立悬架匹配的转向桥和与非独立悬架匹配的转向桥。与非独立悬架匹配的转向车桥是比较常见的形式,如图 1－19 所示。

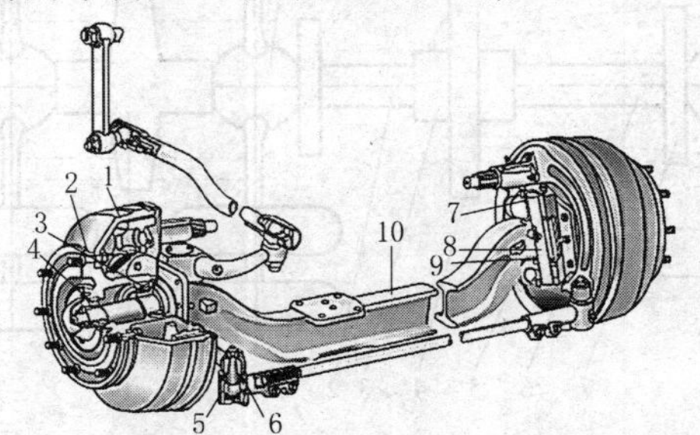

1－制动鼓　2－轮毂　3、4－轮毂轴承　5－转向节臂　6－油封
7－衬套　8－主销　9－止推轴承　10－前轴

图 1－19　汽车转向桥

转向驱动桥广泛应用于全轮驱动的越野汽车上，其应用情况如图 1－20 所示。

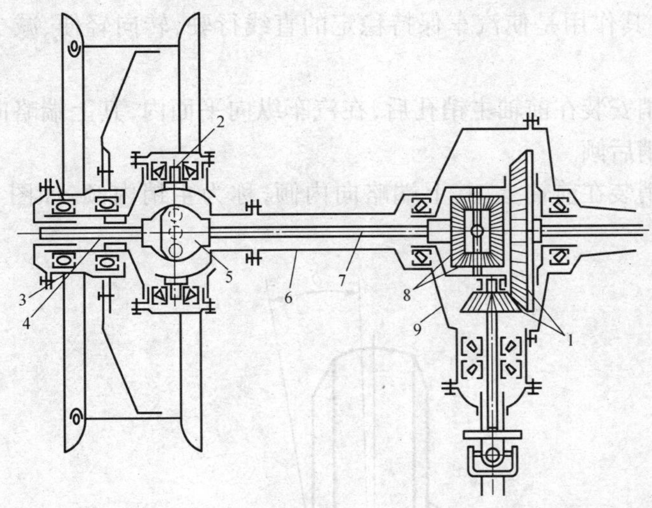

1－主减速器　2－主销　3－轮毂　4－外半轴　5－万向节
6－半轴套管　7－内半轴　8－差速器　9－主减速器壳

图 1－20　转向驱动桥的组成

支持桥属于从动桥。可升降的支持桥的结构，如图 1－21 所示。

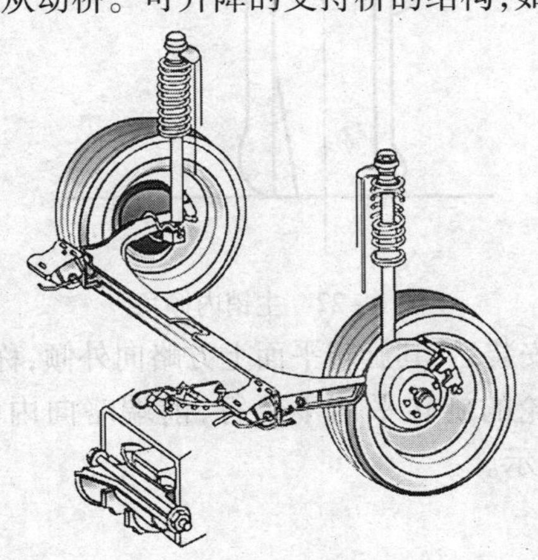

图 1－21　可升降的支持桥

前轮、前轴、转向节与车架的相对安装位置，称为转向车轮定位，也称为前轮定位，其包括主销后倾、主销内倾、前轮外倾、前轮前束四个参数，其作用是使汽车保持稳定的直线行驶，转向轻便、减少机件的磨损。

主销安装在前轴主销孔后，在汽车纵向平面内，其上端略向后倾称为主销后倾。

主销装在前轴上，其上端略向内倾，称为主销内倾，如图 1－22 所示。

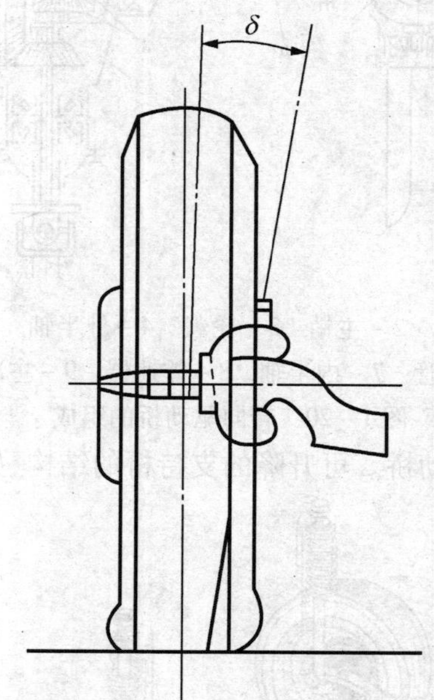

图 1－22 主销内倾角

汽车的前轮安装后，其旋转平面上方略向外倾，称为前轮外倾。

汽车两个前轮的旋转平面不平行，前端略向内收，称为前轮前束，如图 1－23 所示。

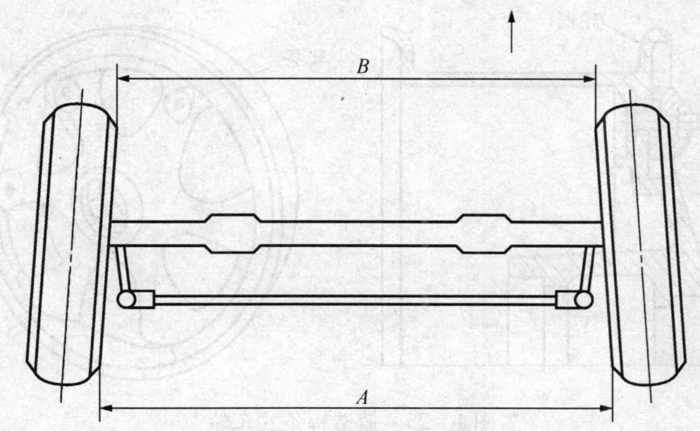

图 1－23　前轮前束

(3)车轮。车轮由轮毂、轮辋以及这两个元件之间的连接部分(即称为轮辐的元件)所组成。按照轮辐的结构,车轮可分为辐板式和辐条式。

辐板式车轮由挡圈、辐板、轮辋和气门嘴伸出口组成,如图 1－24 所示。

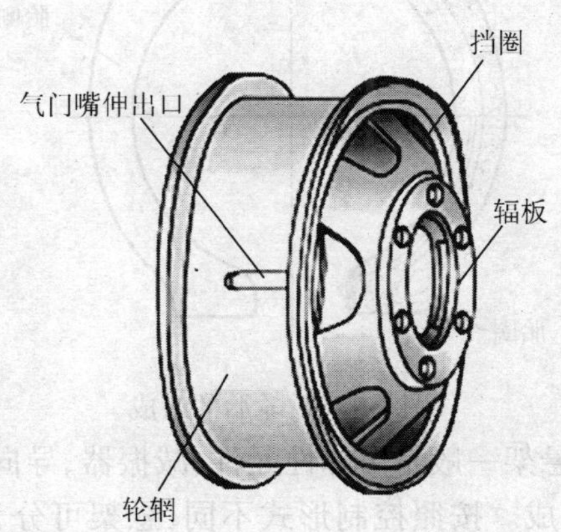

图 1－24　辐板式车轮的组成

辐条式车轮的轮辐是用轮毂铸成一体的铸造辐条或是钢丝辐条,如图 1－25 所示。

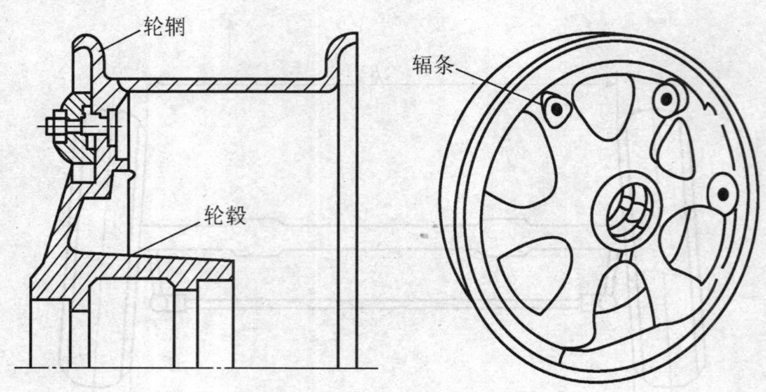

图 1－25　铸造辐条式车轮

(4)轮胎。轮胎主要由胎冠、胎侧、胎体、胎圈、缓冲层和帘布层等部分组成,如图 1－26 所示。

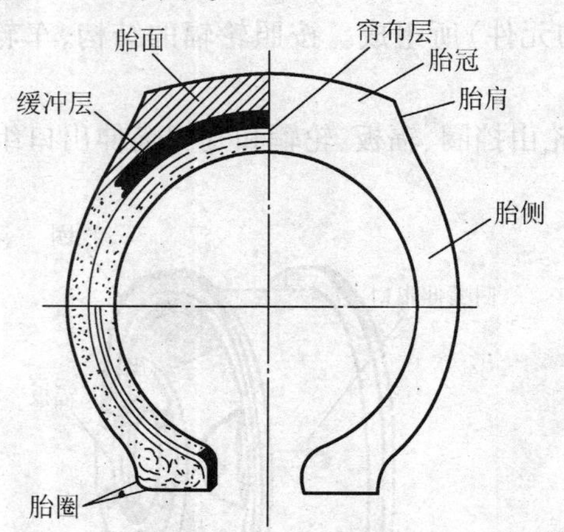

图 1－26　轮胎的组成

(5)悬架。悬架一般是由弹性元件、减振器、导向装置、缓冲块和横向稳定器等组成。按照控制形式不同,悬架可分为被动式悬架和主动式悬架两大类。目前,多数汽车上采用被动式悬架,如图 1－27 所示。汽车的悬架又可分为独立悬架和非独立悬架两种,分别如图 1－28和图 1－29 所示。

图 1－27　被动式悬架

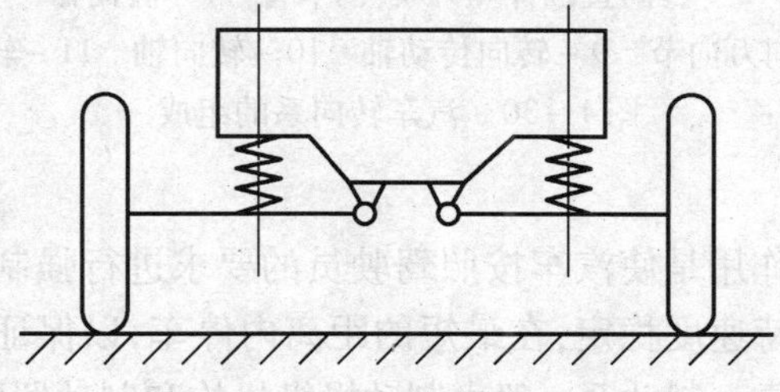

图 1－28　独立式悬架

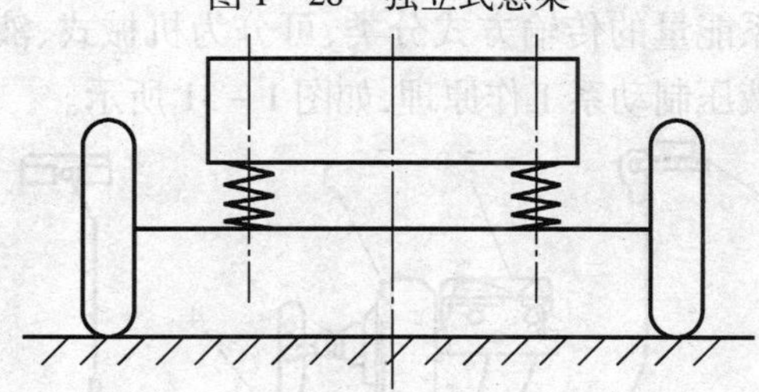

图 1－29　非独立式悬架

3. 转向系

转向系的作用是根据需要改变汽车行驶方向，克服由于路面侧向干扰力使车轮自行产生的转向，恢复汽车原来的行驶方向，以确保汽车正常行驶。转向系是由转向器、转向传动机构和转向操纵机构等几大部分组成，其具体组成如图 1－30 所示。

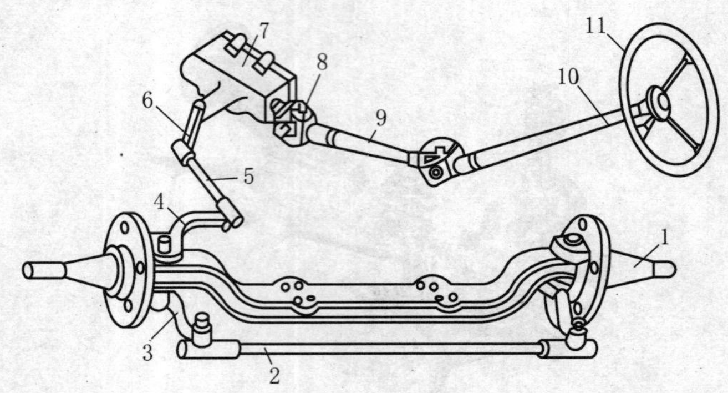

1－转向节　2－转向横拉杆　3－梯形臂　4－转向节臂
5－转向直拉杆　6－转向节臂　7－转向器
8－转向万向节　9－转向传动轴　10－转向轴　11－转向盘
图1－30　汽车转向系的组成

4. 制动系

制动系的作用是使汽车按照驾驶员的要求进行强制减速;使下坡行驶的汽车保持速度稳定;在最短的距离内停车,以保证行车安全;保证汽车停放可靠。制动系一般由制动操纵机构和制动器两个主要部分组成。按制动系能量的传输方式分类,可分为机械式、液压式、气压式和电磁式等。液压制动系工作原理,如图1－31所示。

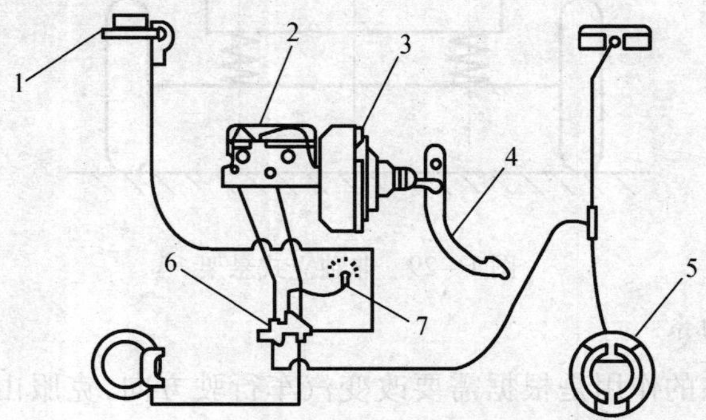

1－盘式制动器　2－制动总泵　3－真空助力器　4－制动踏板机构
5－鼓式制动器　6－制动组合阀　7－制动警示灯
图1－31　制动系的组成

第二节　汽车维修基础知识

一、汽车维修基本概念

汽车维修包括汽车维护和汽车修理。汽车维护和汽车修理是两种性质不同的作业。汽车维护的目的是采用相应的技术措施预防故障的发生、延长汽车的使用寿命。汽车修理的目的是排除汽车已发生的故障,恢复原有的技术状态,达到汽车的正常运行。

汽车维护通常分为例行维护和计划维护。例行维护的内容与时机和汽车的行驶里程无关,如日常维护、停驶维护、换季维护和走合期维护等。计划维护的内容与时机和汽车行驶的里程有关,如一级维护、二级维护等。在计划维护中,维护作业可以分为定期维护和按需维护两种。

汽车修理按作业范围可以分为汽车大修、总成大修、汽车小修和零件修理四类。

汽车故障是指汽车部分或完全丧失工作能力的现象。按丧失工作能力的程度,汽车故障可分为局部故障和完全故障。

二、汽车维护中的注意事项

1. 汽车拆装注意事项

(1)拆装时,对有配合要求和不能互换的配合机件,应检查有无相互配合记号,无记号时应做好记号,而且拆下后应保证放置有序。

(2)拆卸齿轮、带轮时,应使用拉器等专用工具,不能用榔头敲击。

(3)机件锈蚀难拆卸时,可用汽油、机油浸润或加热后,再进行拆卸,切忌乱敲乱打而将机件损坏。

(4)拆下的螺母、螺栓、垫圈,不要错乱散置,应分别放置,以利于装复。

(5)拆卸带有调整垫片的机件时,应注意垫片不能错乱、丢失或损坏。

2. 零件清洗注意事项

(1)零件拆卸后,将不同清洗方法的零件分别放置。

(2)清洗后的零件应用压缩空气吹干或置于空气中自然风干,然后再装回车上或放于架子上存放。

(3)严禁将橡胶件与油类或碱水相接触,以防零件发生变形。

3. 汽车安装注意事项

(1)安装前,应将有凸起或锤击伤痕的零件工作表面修磨平整。

(2)安装时,注意有配合要求的零件的装配记号。

(3)安装螺栓、螺母时,应按规定配齐各种垫圈、开口销和锁片。

(4)安装皮质油封时,应先将其浸入加热到60℃的机油、煤油各占一半的混合液中,并放置5~8min。

(5)安装橡胶油封时,应先在其工作表面涂以润滑油,外壳上涂锌白漆。

第三节　汽车维修常用工具

一、常用手工具

在汽车的一般维护保养中,普通常用的手工具就可以完成大多数的工作。这里就常用的手工具做一简单介绍。

1. 钳子

钳子用来弯曲或安装小零件、剪断导线等。常用的有尖嘴钳和鲤鱼钳两种,如图1-32所示。

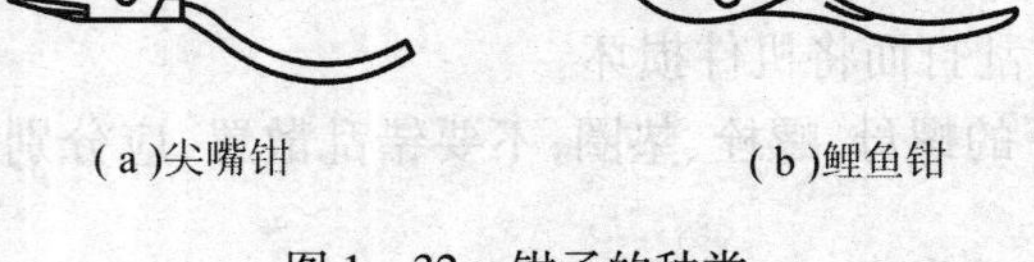

(a)尖嘴钳

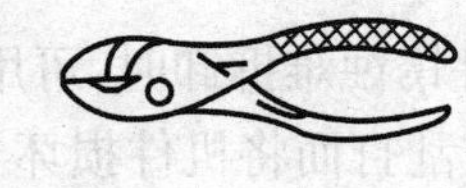

(b)鲤鱼钳

图1-32　钳子的种类

2. 螺丝刀

螺钉旋具俗称螺丝刀，螺丝刀用来拧紧或旋松带槽螺钉。常用的螺丝刀有一字尖螺丝刀和十字尖螺丝刀，如图 1－33 所示。

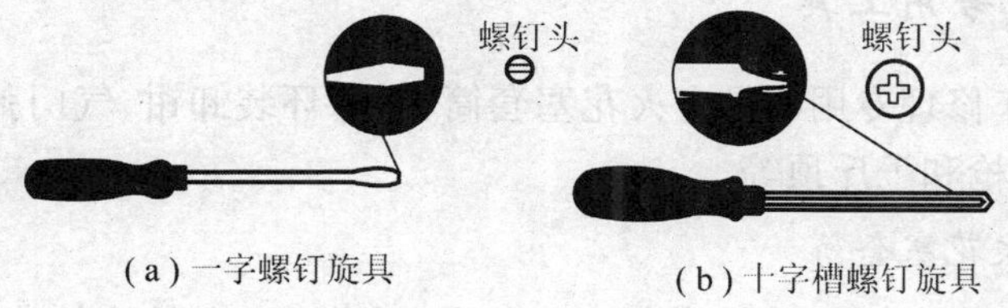

图 1－33 常用旋具类型

3. 扳手

扳手用来拆装有棱角的螺栓和螺母。常用的扳手有开口扳手、活动扳手、组合扳手、梅花扳手、套筒扳手和扭力扳手等。套筒扳手用来拆装某些由于位置所限，普通扳手不能工作的螺栓和螺母。套筒扳手一般是由不同规格的套筒、加长杆和各种手柄等组成的成套工具。扭力扳手常用来配合套筒拧紧螺栓或螺母。在汽车修理中扭力扳手是不可缺少的，如气缸盖螺栓、曲轴轴承螺栓等的紧固都需使用扭力扳手。汽车修理使用的扭力扳手，其扭矩为 2881N · m。常见扳手如图 1－34 所示。

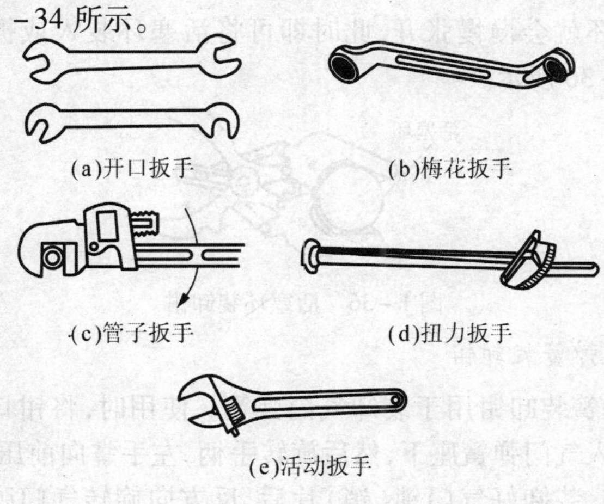

图 1－34 常见扳手

4. 锤子

汽车维修中常用的锤子有手锤、木锤和橡胶锤。

二、专用工具

汽车修理专用工具有火花塞套筒、活塞环装卸钳、气门弹簧装卸钳、黄油枪和千斤顶等。

1. 火花塞套筒

火花塞套筒用于拆装发动机火花塞，为内六角筒式结构，筒身上加工有手柄穿入孔，如图 1－35 所示。

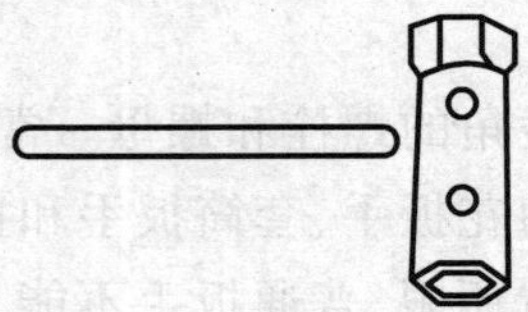

图 1－35 火花塞套筒

2. 活塞环装卸钳

活塞环装卸钳用于装卸发动机活塞环，避免活塞环受力不均匀而折断。使用时，将活塞环装卸钳卡住活塞环开口，轻握手柄，慢慢收缩，活塞环就会慢慢张开，此时即可将活塞环装入或拆出活塞环槽，如图 1－36 所示。

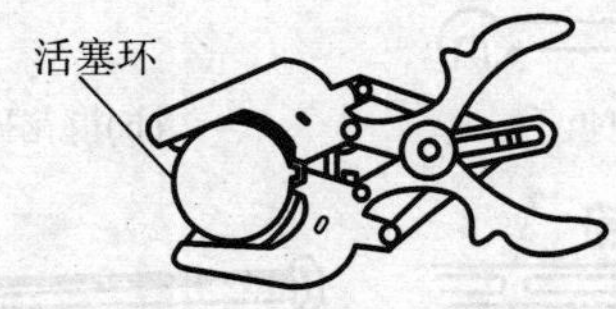

图 1－36 活塞环装卸钳

3. 气门弹簧装卸钳

气门弹簧装卸钳用于装卸气门弹簧。使用时，将钳口收缩到最小位置，插入气门弹簧座下，然后旋转手柄，左手掌向前压牢，使钳口贴紧弹簧座，装卸好气门锁（销）片后，反方向旋转气门弹簧装卸手柄,取出装卸钳,如图 1－37 所示。

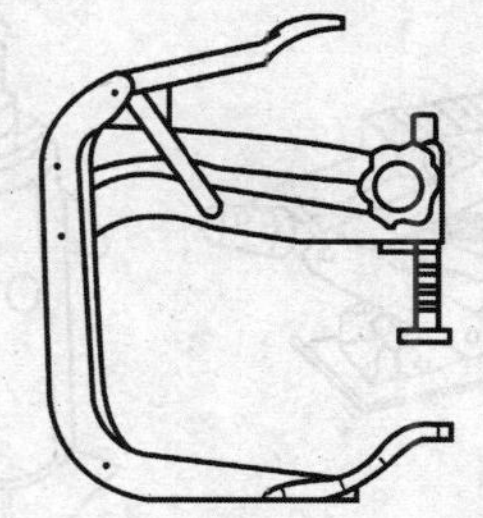

图 1－37　气门弹簧装卸钳

4. 黄油枪

黄油枪用于各润滑点加注润滑脂。使用黄油枪时,应注意将润滑脂小团地装入贮油筒,排出空气。对油嘴加注润滑脂时,应对正油嘴。若不进油,应停止注油,检查油嘴是否堵塞。黄油枪示意图如图 1－38 所示。

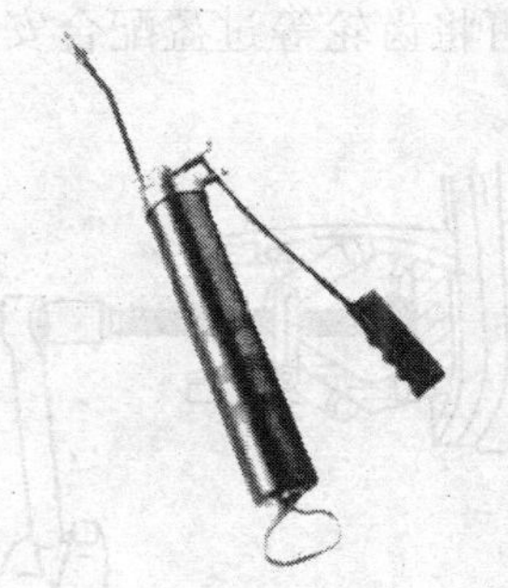

图 1－38　黄油枪示意图

5. 千斤顶

千斤顶用于举升汽车及其他重物。使用千斤顶时,先把开关拧紧,放好千斤顶,对正被顶部位,压动手柄,就将重物顶起。当落下千斤顶时,将开关慢慢旋开,重物就逐渐下降。使用千斤顶需要注意以下事项:使用前,应用三角木垫好汽车;路面松软时,应在千斤顶底下加垫木;举升时,千斤顶应与重物垂直对正;在千斤顶未支牢和千斤顶回落时，严禁在车下工作。千斤顶示意图如图 1－39 所示。

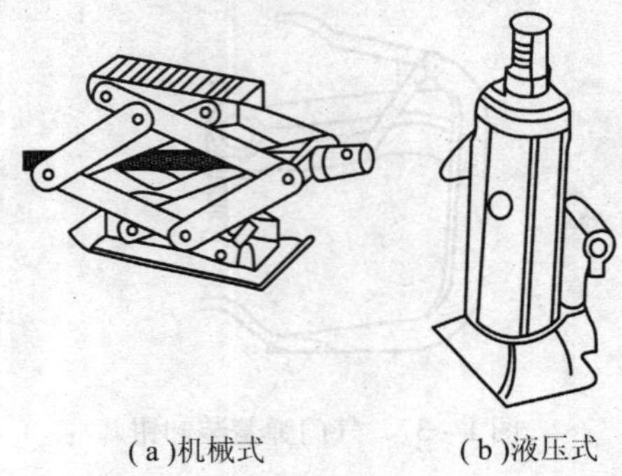

(a)机械式　　(b)液压式

图 1－39　千斤顶示意图

6. 拉器

拉器用来拆卸过盈配合安装在轴上的齿轮或轴承等零件。使用拉器时，在轴端与压力螺杆之间放一垫板，用拉爪拉住齿轮或轴承，然后拧紧压力螺杆，即可将齿轮等过盈配合安装零件从轴上拉下，如图 1－40 所示。

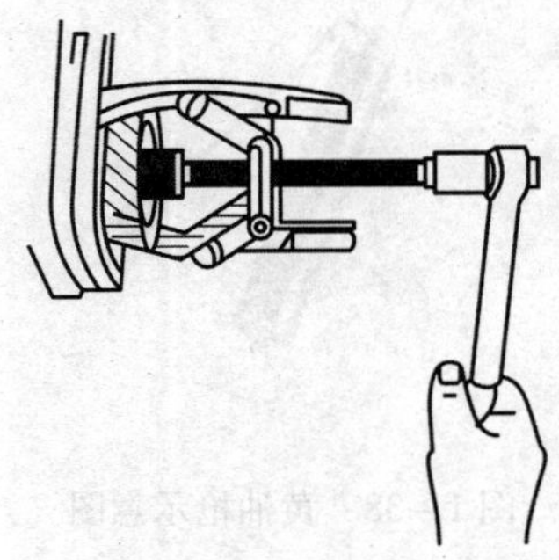

图 1－40　拉器的使用

三、常用量具

1. 游标卡尺

游标卡尺用来测量零件的内外直径和孔（槽）的深度等，分为

0.10、0.05、0.02 三种精度。游标卡尺由尺身、游标、活动卡脚和固定卡脚组成，如图 1－41 所示。使用前，先擦净卡脚和被测零件的表面。使用时，将卡脚张开，再慢慢推动游标，使两卡脚与工件接触，禁止游标卡尺在零件上硬卡、硬拉及在运动零件上测量。使用后，要把卡脚擦净并涂抹凡士林后放入盒内。

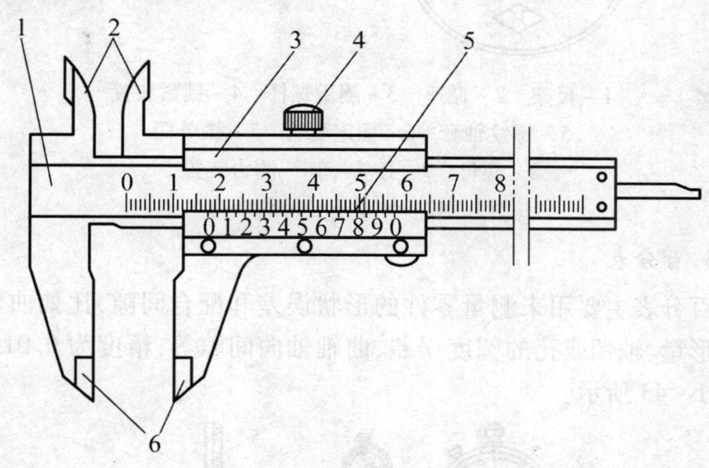

1－尺身　2－内量爪　3－游标尺
4－固定螺钉　5－主尺　6－外量爪

图 1－41　游标卡尺的组成

2. 外径千分尺

外径千分尺用来测量零件的外径，其精度可达 0.01mm，结构如图 1－42 所示。使用前应检查有无误差，检查方法是旋动棘轮，当两个砧座靠拢时，棘轮发出两三声“咔咔”的响声，此时，如果活动套管的前端与固定套管的“0”刻度线对齐，同时活动套管的“0”刻度线与固定套管的基线对齐，则说明没有误差，否则，需要进行调整。使用时，应擦净两个砧座和工件表面，旋动砧座接触工件，直至棘轮发出两三声“咔咔”的响声时方可读数。使用后，要擦拭干净并涂抹凡士林后放入盒内。

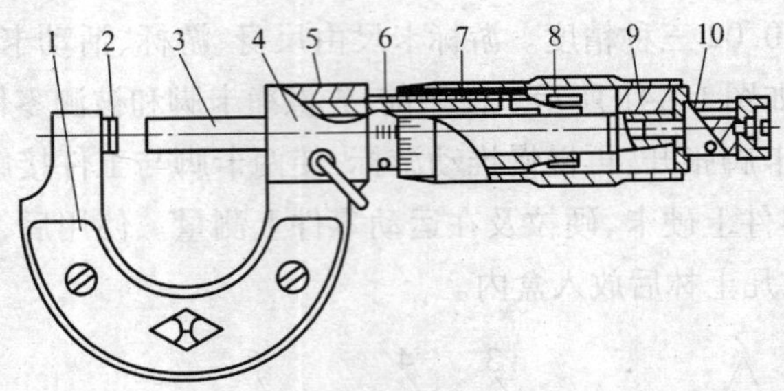

1－尺架　2－砧座　3－测微螺杆　4－锁紧装置
5－螺纹轴套　6－固定套管　7－微分筒
8－螺母　9－接头　10－测力装置
图1－42　外径千分尺的结构

3. 百分表

百分表主要用来测量零件的形状误差和配合间隙，比如曲轴弯曲变形量、轴颈或孔的圆度误差、曲轴轴向间隙等，精度为0.01mm，如图1－43所示。

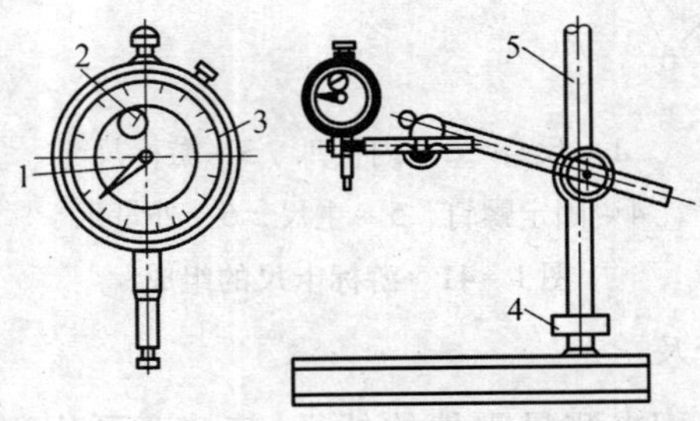

1－大指针　2－小指针　3－刻度盘
4－磁力表座　5－支架
图1－43　百分表

4. 量缸表

量缸表又叫内径百分表，用于测量圆柱形内孔的几何形状误差，如气缸的圆度、圆柱度等。量缸表主要由百分表、表杆和一套不同长度的接杆等组成，如图1－44所示。在使用时，应将百分表放正。测量前，根据被测量尺寸选用相应的可换触头装在表架上，然后调整百分表的指针使之到零位。

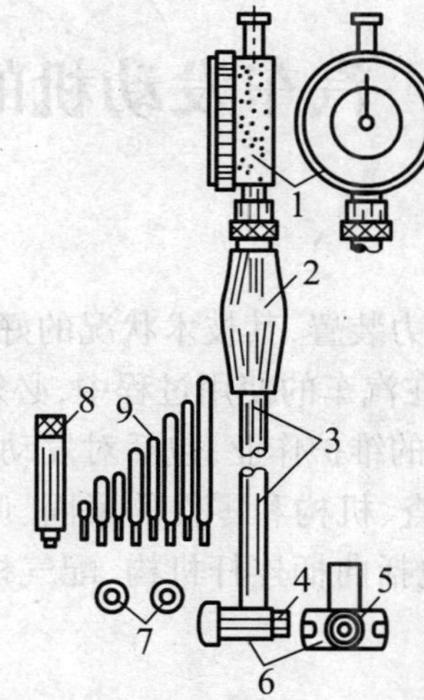

1－百分表　2－绝缘套　3－表杆
4－接杆座　5－活动测头　6－支承架
7－固定螺母　8－加长接杆　9－接杆

图1－44　量缸表

5. 塞尺

塞尺用来测量零件之间的间隙，如气门间隙、曲轴轴向间隙等。塞尺由多片不同厚度的钢片组成，如图1－45所示。

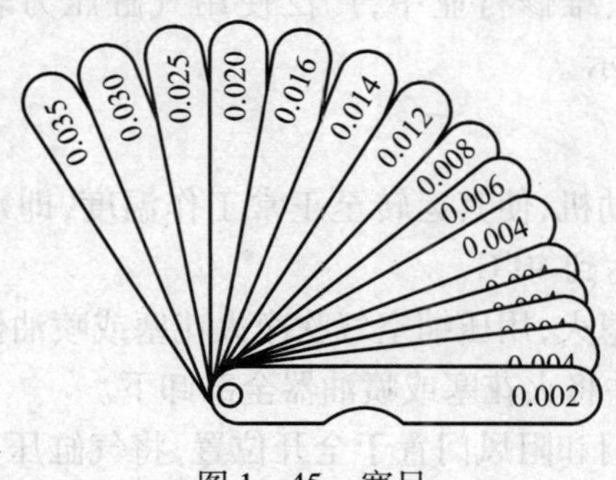

图1－45　塞尺

第二章　汽车发动机的维护

发动机是汽车的动力装置，其技术状况的好坏，直接影响整车技术性能的发挥。因此，在汽车的使用过程中，必须对发动机进行必要的维护和修理。发动机的维护作业，包括对发动机的技术状况（声响及运转平稳性）进行检查、机构和零件的紧固、调整和润滑作业。发动机维护的作业范围包括曲柄连杆机构、配气机构、燃料供给系、冷却系和润滑系等。

第一节　曲柄连杆机构的维护

曲柄连杆机构的维护包括气缸压力的检查，清除积炭，曲轴、连杆轴承间隙的检查与调整等。

一、气缸压力的检查

在汽车检测、维修行业中，广泛使用气缸压力表来检测气缸压力，如图 2－1 所示。

1. 检测方法

（1）启动发动机，使其运转至正常工作温度，即水温达到 80℃左右，润滑油温度达到 40℃。

（2）发动机熄火，用压缩空气吹净火花塞或喷油器（柴油机）周围的尘土和脏物，并将火花塞或喷油器全部卸下。

（3）将节气门和阻风门置于全开位置，将气缸压力表的锥形橡胶接头压紧在被测气缸的火花塞孔内。

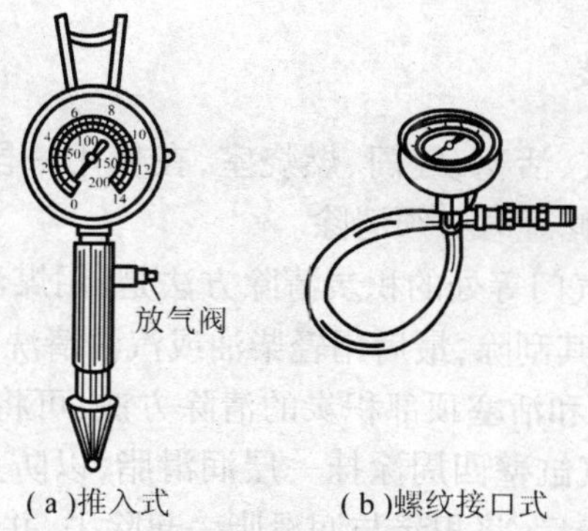

(a)推入式　　(b)螺纹接口式

图 2-1　气缸压力表

(4)用启动机带动曲轴旋转 3~5s(不少于四个压缩行程),待压力表指针稳定后读取读数,然后压下单向阀使指针回零,取下气缸压力表。

(5)重复步骤(4),依次测量各气缸,每缸测量次数不少于两次。

2. 检测结果分析

当气缸压缩压力的检测值低于标准值时,由火花塞或喷油孔向气缸内注入适量机油(一般为 20~30ml),再次检测气缸压缩压力,并作比较。若检测结果比第一次高,接近标准值,则表明气缸密封性不良是由于气缸、活塞环、活塞磨损过大或活塞环对口、卡死、断裂及缸壁拉伤等原因而引起的;若检测结果与第一次基本相同,则表明气缸密封性不良是由于进、排气门或缸盖垫片不密封(滴入的机油难以达到这些部位)所引起的;若前后两次检测结果均表明某相邻两缸压缩压力低,则表明气缸密封性不良是两缸相邻处的气缸衬垫烧损所引起的。

当气缸压缩压力的检测值高于标准值时,并不一定表明气缸密封性好,可能存在燃烧室内积炭较多、缸盖垫片过薄或气缸体与缸盖结合面经多次修理后加工过度等情况。

二、清除积炭

发动机的气缸、活塞、气门、燃烧室，在使用一段时间后，表面会黏着一层积炭，在修理时必须清除。

(1)燃烧室、气门等处的积炭清除方法是：用煤油浸泡，使积炭软化，用木制刮刀将其刮除，最后用轻柴油或汽油清洗干净。

(2)气缸表面和活塞顶部积炭的清除方法：可将活塞处于上止点位置。在活塞与气缸壁四周涂抹一层润滑脂，以防止积炭掉入缝隙，然后进行刮除。最后，将积炭与润滑脂一起除去，并清洗干净。

(3)利用化学溶液清除积炭的方法是：将气缸盖放入 80～95℃的化学洗涤液中浸泡 2～3h，待其软化后，再移到热水中用刷子清除残余的积炭，最后用压缩空气吹干。

需要注意的是，对铝质气缸盖和铁质气缸盖采取不同的化学溶液。

三、曲轴轴承间隙的检查与调整

1. 曲轴轴承间隙的检查

检查时，先将准备好的塑料规(宽 12mm，长 25mm，厚度小于原车规定的最大允许的极限间隙，四角边缘呈圆弧形)涂上机油，然后按长边与曲轴轴线平行的方向置于曲轴轴颈与轴承之间，并按规定力矩拧紧，最后，用手摇柄转动曲轴。若需要很大力气才能转动，即表示轴承间隙合适，若转动曲轴很轻松不觉有阻力，则表示轴承间隙过大，需进行调整或更换，如图 2－2 所示。

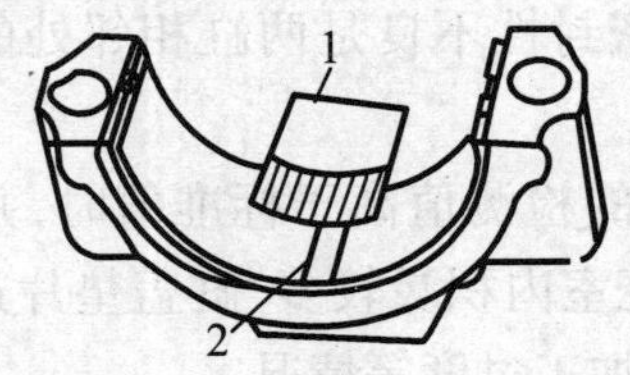

1－塑料规标尺　2－压缩了的塑料规

图 2－2　曲轴轴承间隙的检查

2. 曲轴轴承间隙的调整

调整时，可以适当增减垫片（增加垫片，间隙变小；减少垫片，间隙变大），按规定力矩拧紧轴承盖螺栓后转动曲轴。若用力不大转动灵活，则为合适。若感到费力，则说明间隙过小。若感觉很轻松，则说明间隙过大，直到合适为止。

3. 曲轴轴向间隙的检查

在发动机不解体的情况下的检查方法是：拆下离合器盖，将百分表固定在离合器壳上，指针抵在飞轮外平面，前后撬动曲轴。百分表指针的摆动值即为曲轴轴向间隙。

在发动机解体的情况下的检查方法是：将气缸体倒置，用撬棒撬动曲轴，用塞尺或百分表在第一道（EQ1092 型汽车在第四道）曲轴臂与止推轴承之间进行测量。

四、连杆轴承间隙的检查与调整

连杆轴承间隙的检查与调整和曲轴轴承方法相似，也可以采用经验法。检查时，将需要检查的连杆轴承摇至下方，用锤头柄沿曲轴轴向轻轻敲击连杆轴承盖，前后移动连杆大端应无阻力，两手上下推动连杆大端，应无明显的间隙感，否则，说明轴承间隙过大。

第二节　配气机构的维护

配气机构的维护包括气门间隙的检查与调整、配气相位的检查等。

一、气门间隙的检查与调整

在汽车的使用过程中，由于配气机构零件的磨损、变形等原因，气门间隙的大小会发生变化。如果气门间隙过小，使气门提前开启和延迟关闭，使该气缸无法正常工作。随着发动机温度的升高，气门与气门座将会发生密封不严而漏气。同时还可能使气门积炭，甚至烧坏气门等。如果气门间隙过大，就会使气门迟开早闭，影响发动机的进排气过程，而且会造成配气机构产生异响。因此，需要经常对发动机气门间隙进行检查与调整。

1. 气门间隙的调整原则

气门间隙的调整必须在气门处于完全关闭且气门挺柱落在最低位置时进行。顶置式气门应测量气门杆端面与摇臂之间的间隙，侧置式气门则应测量气门杆端面与挺柱之间的间隙。

2. 气门间隙的调整方法

气门间隙的调整方法分为逐缸调整法、两次调整法和口诀法。

(1)逐缸调整法。转动曲轴至1缸压缩终了，调整1缸的进、排气门，然后摇转曲轴，按点火顺序使下一缸达到压缩终了，再调整这一缸的进、排气门，依此类推，逐缸调整完毕，如图2-3所示。

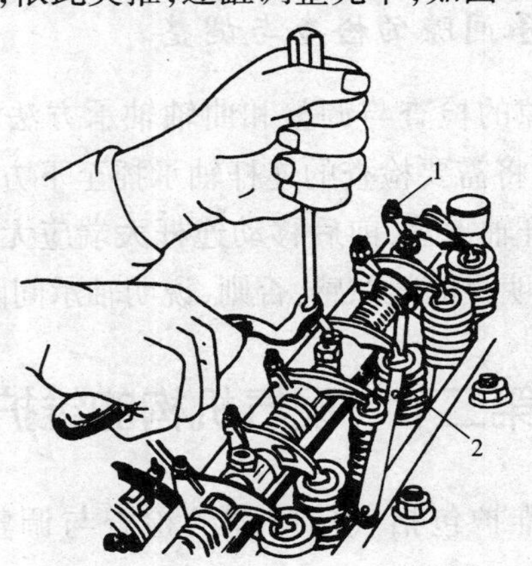

1－调整螺栓、锁紧螺母　2－塞尺

图2－3　逐缸调整法

(2)两次调整法。生产实践中，普遍采用两次调整法，即第一缸压缩行程上止点时，调整所有气门的一半，再摇转曲轴一周，便可调整其余一半气门，两次调整完毕，如图2－4所示。

调整气门间隙时，先旋松锁紧螺母，用厚度符合规定间隙的塞尺插入气门杆端面与摇臂之间，同时旋转调整螺钉，直至拉动塞尺感到稍有阻力后，用锁紧螺母锁紧调整螺钉。调整完毕后，应再用塞尺复查一遍，如有变化需重新调整。

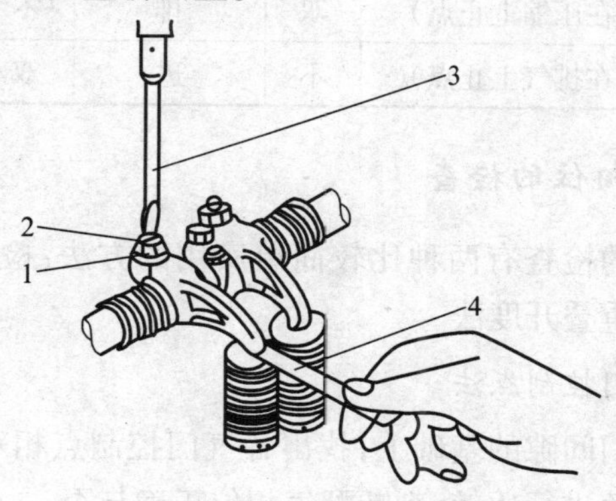

1－锁紧螺母　2－调整螺钉

3－一字旋具　4－塞尺

图2－4　两次调整法

(3)口诀法。口诀法也是一种两次调整法。它利用"双排不进"来确认气门间隙的可调性。"双"指进、排气门间隙都可调；"排"指气缸仅排气门间隙可调；"不"指进、排气门间隙都不可调；"进"指气缸仅进气门间隙可调。

下面是几种工作顺序不同的发动机可调气门的排列表，见表2－1和表2－2所示。

表2－1　四缸发动机可调气门

工作顺序	1	3	4	2
	1	2	4	3
第一遍(一缸在压缩上止点)	双	排	不	进
第二遍(一缸在排气上止点)	不	进	双	排

表 2－2　六缸发动机可调气门

工作顺序	1	5	3	6	2	4
	1	4	2	6	3	5
第一遍（一缸在压缩上止点）	双	排		不	进	
第二遍（一缸在排气上止点）	不	进		双	排	

二、配气相位的检查

配气相位的检查有两种比较简单实用的方法：检验气门控制点法和检验气门重叠开度法。

1. 检验气门控制点法

在调好气门间隙的基础上，找出各气门控制点相对曲轴转角，与标准配气相位角进行比较，判断配气相位正确与否。

2. 检验气门重叠开度法

先调好气门间隙，将 1 缸（或 6 缸）活塞摇到压缩行程上止点位置，用塞尺插入气门与气门座结合面来测量气门重叠期的微开量。若 6 缸发动机的点火顺序为 1—5—3—6—2—4，可按 6—2—4—1—5—3 的顺序进行测量，并把各缸的微开量值分别记录好，再与该机型标准配气相位进行比较，来判断配气相位的准确性。

第三节　汽油机燃料供给系的维护

汽油机燃料供给系的维护包括化油器的维护、汽油泵的维护、汽油滤清器的维护和空气滤清器的维护等。

一、化油器的维护

1. 化油器的清洁

分解化油器后，将所有零件浸泡在汽油或酒精中数小时后，用毛刷刷洗，清除内壁、量孔、喉管（口）和油道中沉淀的污垢和胶质，然后用压缩空气吹干净。

2. 化油器油平面的检查与调整

如图2－5所示，调整化油器浮子室油平面时，将汽车停在平坦的地面上，使发动机处于稳定怠速运转。从浮子室油面观察窗检查油平面。油平面应该与油面观察窗中央的标志齐平或略低。对于没有观察窗的化油器，怠速时，主喷管有滴油现象的，说明油平面过高，如不滴油，但少许加大节气门，主喷管喷油不及时，则为油面过低。油面高度可以通过改变浮子室上盖的调节螺钉的位置来调整。

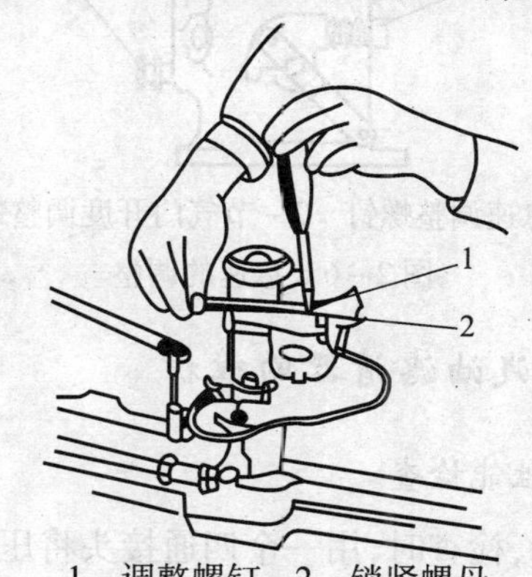

1－调整螺钉　2－锁紧螺母

图2－5　化油器油平面高度的调整

3. 化油器进油针阀密封性的检查

将针阀装到针阀座上，用手关闭针阀，在进油口上吹气时，不漏气；手放松时，针阀能自由滑落，则认为密封性良好，否则应进行磨合和更换。

4. 怠速的调整

如图2－6所示，怠速转速的调整应在发动机工作温度正常、点火系和机械部分工作正常的情况下进行，调整化油器节气门最小开度限位螺钉，将发动机转速调至规定的怠速转速，然后调整怠速调整螺钉,使发动机转速尽可能提高,再次调整化油器节气门最小开度限位螺钉和怠速调整螺钉,使发动机转速接近怠速转速。重复上述调整过程 2 ~3 次,即可获得稳定的怠速转速。

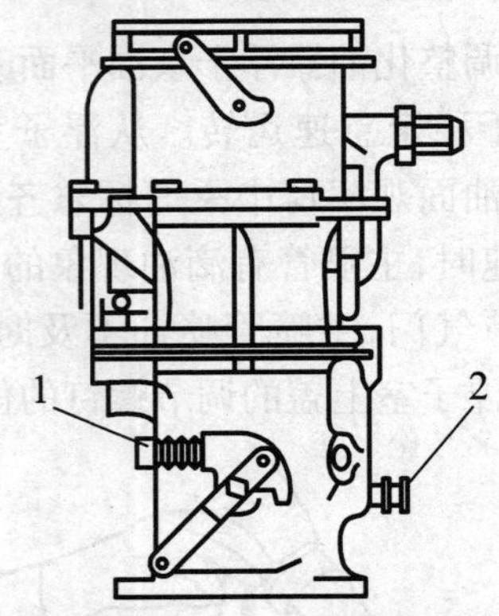

1－怠速调整螺钉　2－节气门开度调整螺钉

图 2－6　怠速的调整

二、汽油泵及汽油滤清器的维护

1. 汽油泵工作性能检查

如图 2－7 所示,检查时,用一个四通接头将压力表和流量管连接在汽油泵和化油器之间的管路上,先关闭流量开关,启动发动机,使其在一定的转速下运转,观察此时的压力表读数即为汽油泵的泵油压力。打开流量开关,用流量瓶测量泵油量。若泵油量和泵油压力不符合标准,应检修或更换汽油泵。

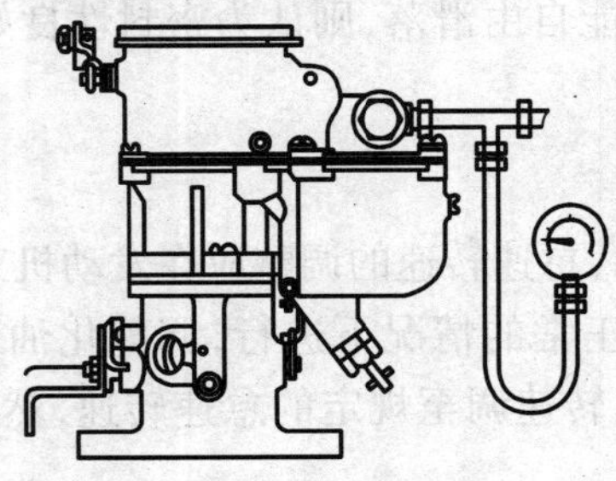

图 2－7　汽油泵工作性能检查

2. 汽油泵解体检查

在正常情况下，汽车行驶 24 000 km 之后，应拆下汽油泵进行清洁和检查。

检查膜片是否折断、破裂；检查膜片弹簧有无锈蚀、折断或弹力不足；检查进出油阀是否严密，有无漏油现象；检查内、外摇臂是否有变形和磨损过甚现象。

3. 汽油泵装复后的检查

汽油泵装复后，需要检查有无漏气现象。检查时，用手指分别堵住进、出油口，推动手摇臂，进油口应有一定的吸力，出油口应有一定的压力，然后接上油管，并把油管浸入油盆中，扳动手摇臂，若泵出的油集中，则说明压油良好，没有漏气处。

4. 汽油滤清器的维护

对于装有不可拆式汽油滤清器的汽车，每行驶 15 000 km，需要更换滤清器和接头夹箍。更换时应注意滤清器上的箭头方向为汽油的流动方向。对于装有可拆式汽油滤清器的汽车，每行驶 12 000 km，需要清洗滤清器滤芯。清洗时，将滤清器放在汽油中清洗，然后用压缩空气吹净，同时清洗盖和外壳。

三、空气滤清器的维护

汽油发动机使用的空气滤清器有干式和油浴式两种。

1. 干式纸质空气滤清器的维护

一般国产中型载货汽车每行驶 20 000 km，就要对空气滤清器进行一次清洁，并更换滤芯。轿车发动机的空气滤清器按说明书进行维护，如上海桑塔纳轿车空气滤清器的维护周期为 15 000 km。

清洗时，将滤芯从壳体中取出，放在平板上轻轻拍打或用压缩空气从里往外吹，发现滤芯有破损时必须更换，并将外壳清洗干净，然后装复，如图 2－8 所示。

图 2-8　干式纸质空气滤清器的清洁

2. 油浴式空气滤清器的维护

取出滤网，倒出机油，用汽油清洗滤网和壳体，按规定向壳体内加注一定数量的机油，然后将滤网在机油中浸泡后装入壳体。

第四节　柴油机燃料供给系的维护

柴油机燃料供给系的维护包括喷油器的维护、喷油泵的检查与调整、喷油正时的检查与调整等。其中，喷油泵的检查与调整必须由专业人员进行。

一、喷油器的维护

1. 喷油器的分解与清洁

如图 2-9、图 2-10 和图 2-11 所示，首先松开喷油器调压螺母，旋出调压螺钉，将喷油器倒夹在台虎钳中，松开喷油器紧帽。取出零件，并放在清洁的柴油或汽油中清洗。用钢丝刷清除喷油器头部积炭。如针阀咬住时，用鲤鱼钳衬垫软布夹住针阀尾端，稍加转动用力拉出。用钢丝刷将针阀锥面污物小心清除，并用相应大小的钻头或钢丝疏通喷油孔及油路。最后将喷油器针阀及针阀体放在柴油中，并来回拉动针阀清洗，使针阀能够自由滑动。

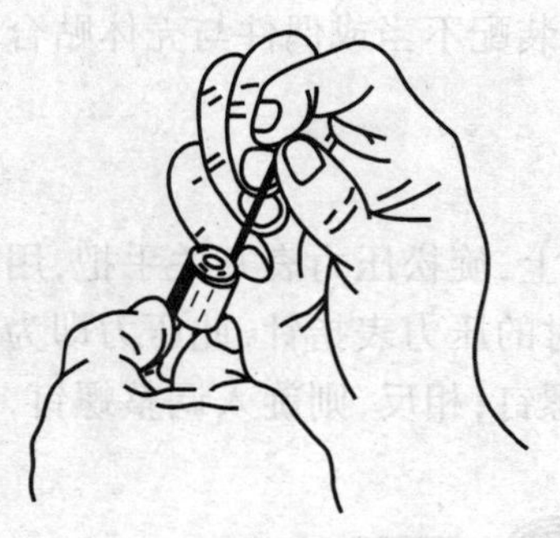

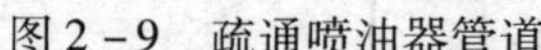

图2-9　疏通喷油器管道

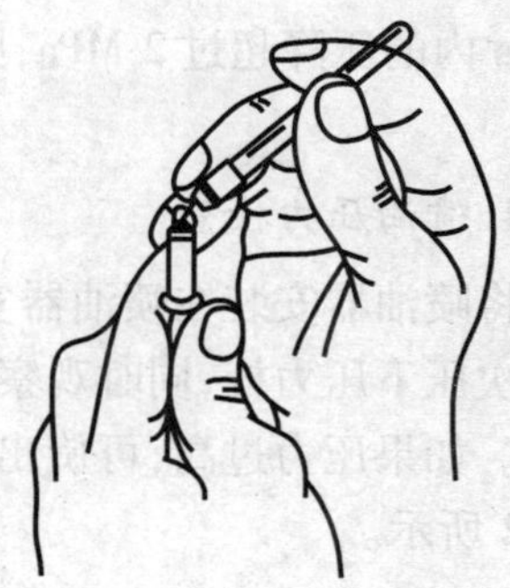

图2-10　疏通喷油孔

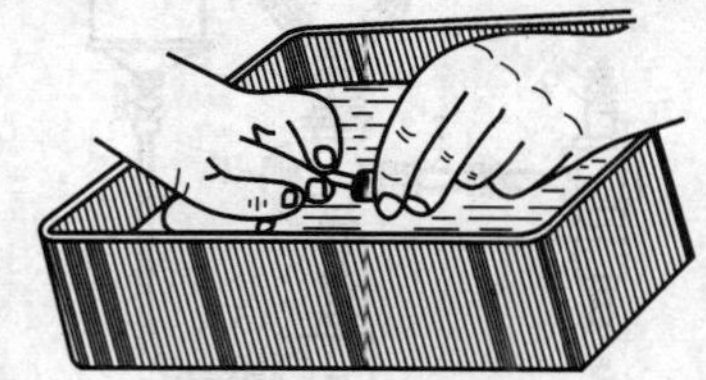

图2-11　喷油器油嘴偶件

2. 喷油器的检查

(1)针阀和针阀体的检查。若密封锥面与导向面暗淡无光,则说明针阀已磨损;若前端有暗黄色伤痕,则说明针阀因过热而拉毛;若导向面有咬住或黏滞的痕迹,则说明针阀已变形;若针阀体前端伸入燃烧室部分有严重烧蚀现象。出现上述情况之一,应更换针阀偶件。

(2)滑动性的检查。针阀与针阀体清洗干净后,将针阀放入针阀体,然后使其倾斜45°左右,抽出针阀体1/3的长度,放松后,针阀应能靠自重均匀、缓慢地滑入针阀体,否则,应更换针阀偶件。

3. 喷油器密封性的检查

(1)针阀偶件锥面密封性的检查。旋松压力表开关手把,在低于喷油器压力20MPa的压力下,观察针阀体头部,如果10s之内出现油滴,则说明密封性差。如渗漏太多,可用细研磨砂涂于针阀锥面相互研磨。

(2)导向部分配合严密性检查。将喷油器压力调到19.6 MPa,如果 10s 内的压降超过 2 MPa，则说明装配不当或偶件与壳体贴合面不密封。

4. 喷油压力检查

将喷油器安装在喷油器实验台上，旋松压力表开关手把，用手缓慢多次压下压力杆，同时观察喷油时的压力表指针，此压力即为喷油压力。如果压力过高，可旋出调整螺钉；相反，则旋入调整螺钉，如图 2－12 所示。

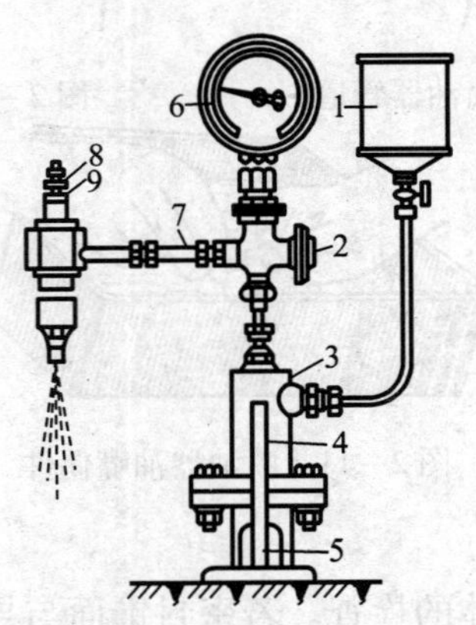

1－油箱及滤清器　2－止回阀　3－放气螺钉
4－喷油手泵　5－手柄　6－油压表
7－高压油管　8－调整螺钉　9－锁紧螺母
图 2－12　喷油压力检查

5. 喷油质量的检查

检查时，在喷油器实验台上，以 120 次/min 的速度压油，观察喷油器喷出的油雾，油雾应细小均匀，无油滴飞溅现象。对多孔喷油器，各孔应各自形成一个雾化良好的均匀油雾束。喷油开始和停止供油时，喷孔口允许有潮湿，但不能有滴油现象。喷油停止要迅速干脆，并伴随有清脆的响声。

二、喷油正时的检查与调整

拆下喷油泵第一缸的高压油管，将喷油泵供油拉杆向增加供油的方向推到底，用螺钉旋具撬转飞轮，仔细观察喷油泵的第一缸出油阀压紧座出油口的油面变化情况，只要油面出现升高，便立即停止撬转飞轮。观察飞轮上的记号与飞轮壳上的记号是否对正，如果对正，说明供油时刻合适。此时，飞轮壳上的刻线与飞轮上的刻度所对应的角度就是喷油提前角，如图 2－13 所示。

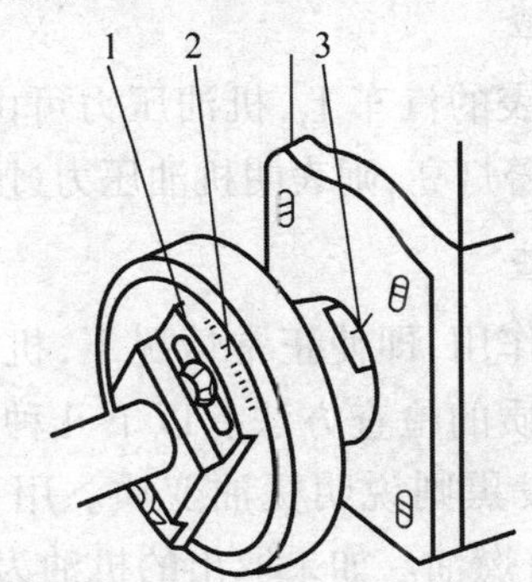

1－联轴节螺钉　2、3－喷油正时记号

图 2－13　喷油泵联轴节

如果喷油提前角未达到理想的数值，可在停机后松开喷油泵联轴器上的两个螺钉按需要进行调整。若喷油泵提前角迟后，则顺喷油泵凸轮轴旋转方向使联轴节转过一定角度；若喷油泵提前角提前，则应逆喷油泵凸轮轴旋转方向使联轴节转过一定角度。调整结束后，拧紧固定螺钉。

第五节　润滑系的维护

润滑系的维护包括机油的检查、机油泵、机油集滤器、机油滤清器的维护等。

一、机油的检查

1. 机油油量的检查

检查时将汽车停放在平面上，发动机熄火 3min，待机油流回油底壳，抽出机油尺并将其擦净，再次插入油底壳，然后拔出机油尺，检查机油尺上机油油面的位置。机油尺有上刻度线和下刻度线，适宜的机油油面的位置应在这两条刻度线之间。

2. 机油压力的检查

在装有机油压力表的汽车上，机油压力可由机油压力表直接读出。如果机油压力报警灯亮，则表明机油压力过低。

3. 机油油质的检查

由于高温和氧化作用，即使正常情况下，机油也会变质，这种现象称为老化。机油油质的检查方法有以下几种：用机油尺取几滴机油滴在中性纸上，若发黑则说明机油变质。用手捻搓，如果有滑腻感，则说明机油中混有燃油。如果取出的机油为乳液状且有泡沫，则说明机油中混有水。如果机油过脏，则应该更换机油及机油滤清器。

4. 机油的更换

汽车每行驶 10 000 km，或每半年应更换一次机油。更换机油时，将汽车停放在平面上，在发动机熄火后的热机状态下，拧下油底壳底部的放油螺栓，放尽发动机内的旧机油，再装上放油螺栓，从加油口加注新的机油，直到机油油面符合要求为止。

二、机油泵的维护

1. 机油泵的拆卸

拧下油底壳放油螺栓，放尽机油，卸下油底壳。拆去分电器卡板，将分电器拔出，拆下机油泵总成。拆卸机油泵盖，检查泵盖上的限压阀，分解主从动齿轮，分解齿轮和轴。清洗、检查所有拆下的零件。

2. 机油泵的检查

检查机油泵限压阀时，拆下限压阀，清洗阀孔和阀体，将限压阀钢球(柱塞)装入阀孔，移动时应灵活无卡滞现象。

除机油泵限压阀的检查之外，机油泵检查还包括齿轮与泵壳径向间隙、齿轮与泵盖轴向间隙、齿轮啮合间隙、主动轴与轴孔配合间隙、从动轴与衬套孔配合间隙等。

三、机油集滤器的维护

汽车发动机所用的集滤器有浮式集滤器和固定式集滤器两种。浮式集滤器主要检查浮子是否有变形或破损，机油滤网是否堵塞。如滤网堵塞，应用柴油或煤油清洗，然后用压缩空气吹干。浮子有破损，要进行修复。固定式集滤器主要检查吸油管与机油泵连接处的衬垫有无损伤，机油滤网是否堵塞。如衬垫有损伤，必须更换。机油集滤器的结构如图 2－14 和图 2－15 所示。

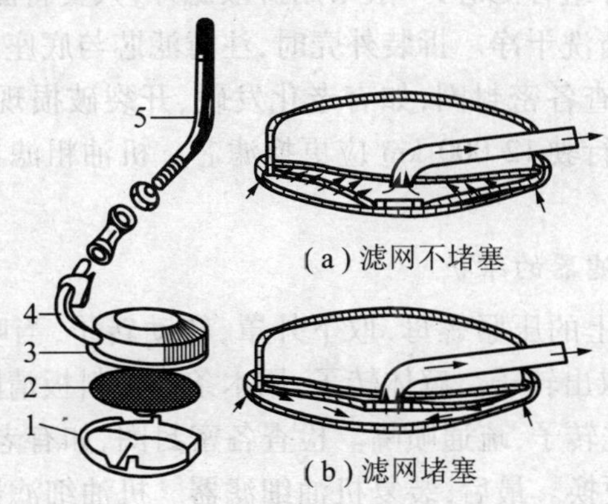

1－罩　2－滤网　3－浮子

4－油管　5－固定管

图 2－14　浮式集滤器的构造

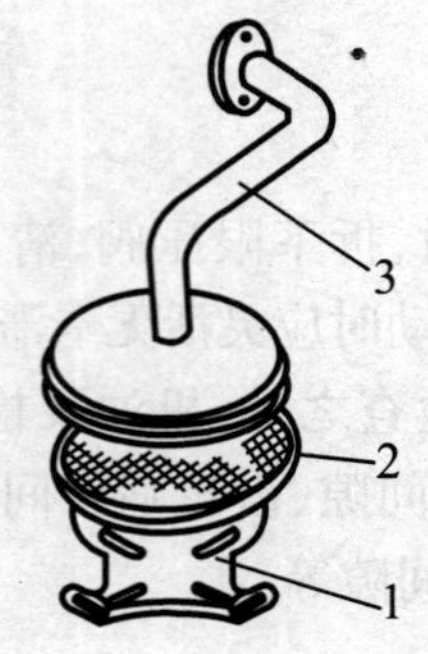

1－罩　2－滤网　3－吸油管

图 2－15　固定式集滤器的构造

四、机油滤清器的维护

1. 机油粗滤器的维护

拆下外壳紧固螺母，取下粗滤器壳和滤芯。对于纸质滤芯应更换；对于金属片组合滤芯，一般不用拆散滤片，只要将滤芯放入油中，并转动手柄，清洗干净。拆装外壳时，注意滤芯与底座之间的密封圈不可丢失。检查各密封圈，如有老化发硬、开裂破损现象，则应予以更换。汽车每行驶 12 000 km 应更换滤芯。机油粗滤器的结构如图 2－16所示。

2. 机油细滤器的维护

拧开外罩上的压紧螺母，取下外罩，转动转子，当喷嘴对准挡油板的缺口时，取出转子。解体转子，用木条或塑料板清除转子罩内壁的沉积物，清洗转子，疏通喷嘴。检查各密封圈，如有老化发硬、开裂破损，则予以更换。最后，装复机油细滤器。机油细滤器的结构如图 2－17 所示。

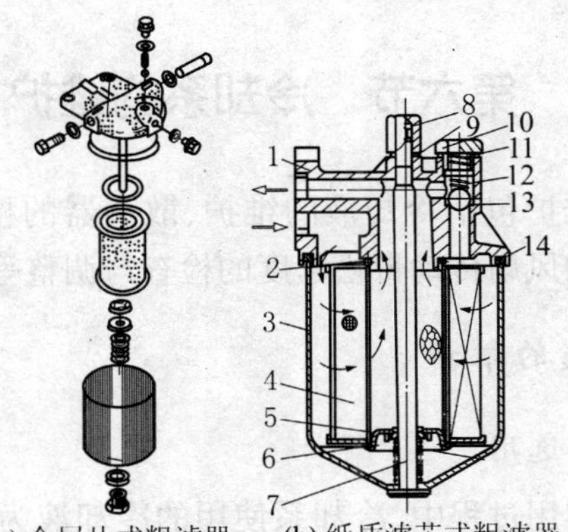

1－上盖 2－滤芯密封圈 3－外壳 4－纸质滤芯 5－托板
6－滤芯密封圈 7－拉杆 8－螺母 9、11－密封垫圈
10－阀座 12－旁通阀弹簧 13－球阀 14－外壳密封圈

图2－16 机油粗滤器的结构

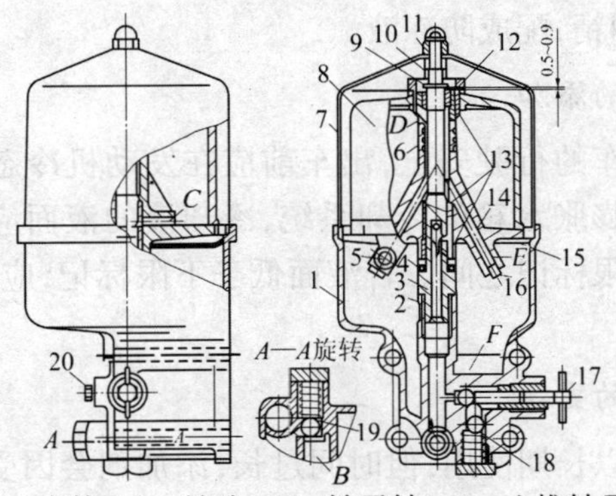

1－壳体 2－锁片 3－转子轴 4－止推轴承
5－喷嘴 6－转子体端套 7－滤清器盖 8－转子盖
9－支承垫 10－压紧弹簧 11－盖形螺母 12－压紧螺母 13－衬套
14－转子体 15－挡板 16－螺塞 17－机油散热器开关
18－机油散热器安全阀 19－限压阀 20－管接头
B－滤清器进油孔 *C*－转子体出油孔 *D*－转子体进油孔
E－通喷嘴油道 *F*－滤清器出油孔

图2－17 机油细滤器的结构

第六节 冷却系的维护

冷却系的维护包括冷却液的维护、散热器的检查、水泵的检查、节温器的检查和风扇传动带松紧度的检查与调整等。

一、冷却液的维护

1. 冷却液的选用

发动机在使用过程中,冷却系使用的冷却液为冷却水或防冻液。冷却系最好使用经过软化处理过的冷却水,否则,容易在水套中产生水垢,使气缸体、气缸盖传热效果下降,发动机产生过热现象。在冬季,气缸体和气缸盖往往会因为冷却水冻结而胀裂。为适应冬季行车的需要,可以在冷却水中加进适量的可以降低冰点、提高沸点的乙二醇、甘油或酒精,配成防冻液。

2. 冷却液的添加

为保证汽车的行驶安全,出车前应在发动机冷态下检查冷却液是否充足。带膨胀水箱的冷却系统,冷却液的液面应在膨胀水箱的上限标记与下限标记之间。若液面低于下限标记,应打开散热器盖,添加冷却液。

3. 冷却液的更换

冷却液可以长期使用,但时间过长,添加剂会因受热而变质。因此,汽车每行驶 40 000 km(或两年)或冷却液中出现锈红色,就应更换。

更换冷却液时,将汽车停放在水平地面上,首先放净散热器、膨胀水箱及气缸体水套中的冷却液。排放阀一般在散热器底部,有些发动机气缸体上也设有排放阀。待冷却液放净后,拧紧排放阀,从散热器加水口添加新的冷却液,直到液面达到规定位置为止。

4. 冷却系水垢的清除

如果冷却系统积垢严重，会使热量传递困难，影响发动机的正常工作。因此，必须定期清除冷却系统的水垢。当积垢较轻时，拆下节温器，将水沿与正常循环相反的方向从出水口压入水套和散热器中，直到流出的水清洁为止。当积垢较重时，应用化学方法清除。通过酸或碱溶液使水垢由不溶解物质转变为可溶性物质。使用化学方法除垢，必须按照使用说明书的要求进行。

二、冷却系各部件的检查与维护

1. 散热器的检查

如图 2－18 所示，检查散热器盖时，使用专用手动气压打压器，给散热器盖加压。当打压器上的压力表读数突然下降时，说明蒸汽放出阀打开。蒸汽阀的开启压力应符合规定。若压力过低，应更换散热器盖。

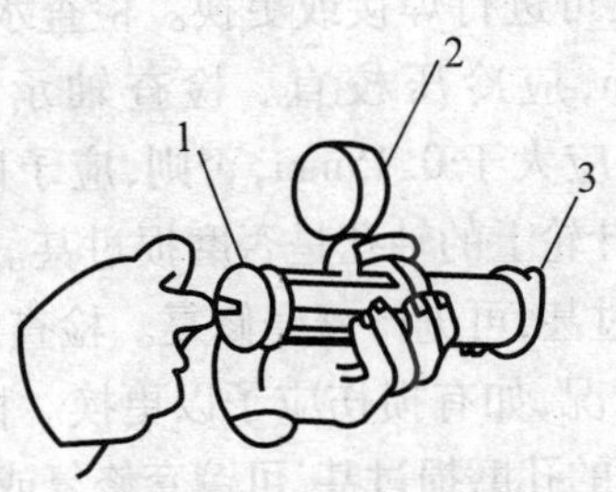

1－测试器

2－压力表　3－散热器

图 2－18　散热器盖的检查

如图 2－19 所示，检查散热器时，用膨胀式橡胶塞堵住散热器进水管口和出水管口，向散热器内加水至加水口下方 10～20mm 处，用专用手动打压器从进水口向散热器内施加 80kPa 压力。5min 之内，打压器上的压力表读数应不下降，否则说明散热器有泄漏。

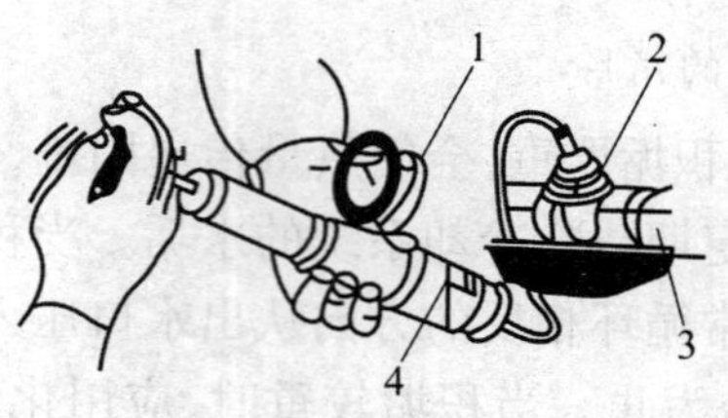

1－压力表　2－散热器盖

3－散热器　4－测试器

图 2－19　散热器的检查

2. 水泵的检查

水泵的作用是对冷却液加压，保证其在冷却系中循环流动。水泵的结构如图 2－20 所示。

检查时，用手扳动风扇叶片，叶轮与泵壳应无撞击声。观察水泵泄水口，如果没有漏水，则说明合格，否则，应予以更换。检查泵壳与带轮有无损伤。泵壳裂纹可进行焊接或更换。检查水泵轴有无弯曲，水泵轴弯曲大于 0.05mm，应冷压校直。检查轴承轴向间隙不应大于 0.50mm，径向间隙不应大于 0.15mm，否则，应予以更换。检查水泵叶轮的叶片有无破损，叶轮上的轴孔是否磨损过甚。叶片磨损，应予以焊修或更换，轴孔磨损过甚，可进行镶套修复。检查水封、胶木垫、弹簧等零件的磨损及损伤情况，如有损伤应予以更换。检查带轮箍与水泵轴的配合情况。装配轴的孔磨损过甚，可镶套修复或更换。

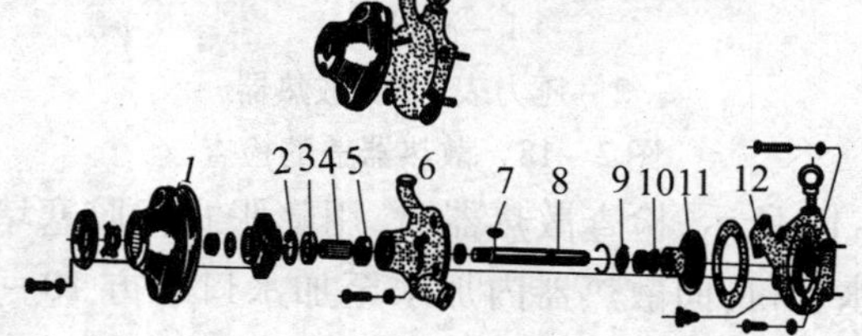

1－带轮　2－卡环　3－轴承　4－隔套

5－轴承　6－水泵体　7－键　8－水泵轴

9－水封环　10－弹簧　11－叶轮　12－泵壳

图 2－20　水泵的结构

3. 节温器的检查

检查时，将节温器浸入水中，如图 2－21 所示，逐渐将水加热，记录节温器主阀门开启温度，并与规定值对比。如果节温器主阀门开启温度不符合规定，或在常温下关闭不严，应更换节温器。

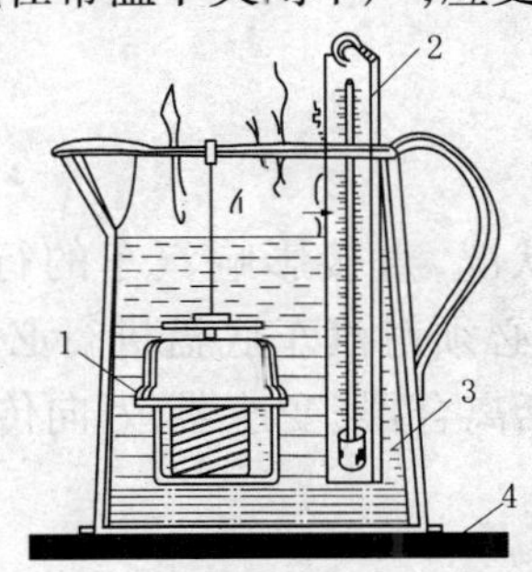

1－节温器　2－温度计　3－水　4－电炉丝

图 2－21　节温器的检查

4. 风扇传动带松紧度的检查与调整

检查风扇传动带松紧度时，用拇指压在风扇与发电机两带轮中间的传动带上，施加 30～50N 压力，传动带的挠度应符合规定（一般为 10～15mm），否则应调整。调整方法如图 2－22 所示，松开发电机在移动支架上的固定螺栓，用撬棒移动发电机，使传动带达到固定的松紧度，再拧紧移动支架上的固定螺栓。

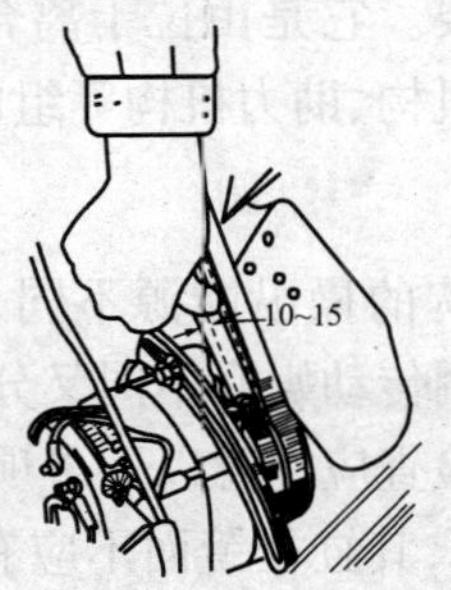

图 2－22　风扇传动带松紧度检查与调整

第三章　汽车底盘的维护

汽车底盘的技术状况,直接影响汽车的行车安全和行车成本。在汽车的使用过程中,必须对汽车底盘进行必要的维护和修理。底盘维护的作业范围包括离合器、变速器、万向传动装置、驱动桥、转向系、行驶系和制动系等。

第一节　离合器的维护

离合器的维护包括离合器操纵机构的维护、离合器总成各零部件的检修和离合器分离杠杆的调整。

一、离合器操纵机构的维护

操纵机构是控制离合器分离与接合程度的一套专设机构,其作用是使离合器迅速并彻底地分离;适应换挡需要,并使之柔和接合以满足汽车平稳起步的需要。它是由位于离合器壳内的分离机构和离合器壳外的踏板及传动机构、助力机构等组成的。

1. 操纵机构的检查

按照离合器操纵机构的操纵能源不同,可分为人力式和助力式两类。其中人力式按所用传动媒介不同又分为机械式和液压式两种。

机械式操纵机构的检查应注意以下事项:

(1)检查离合器主缸,其缸径镜面不应有划伤、砂眼、严重磨损及腐蚀等,如果有应更换。

(2)主缸装配前,对各零件用酒精或制动液清洗干净,并浸以制动液。但要注意禁止使用汽油和煤油之类的矿物油。

(3)在装配活塞第二皮碗和压力皮碗时,应注意其装配方向,不可装反。

(4)检查皮碗必须柔软且有弹性,若皮碗硬化和膨胀,则应更换。

(5)在维修中拆卸皮碗时,不要划伤嵌入槽。

(6)安装绳索式离合器驱动臂,调整踏板的自由行程 *A* 为 15 ~ 25mm,如图 3 -1 所示。

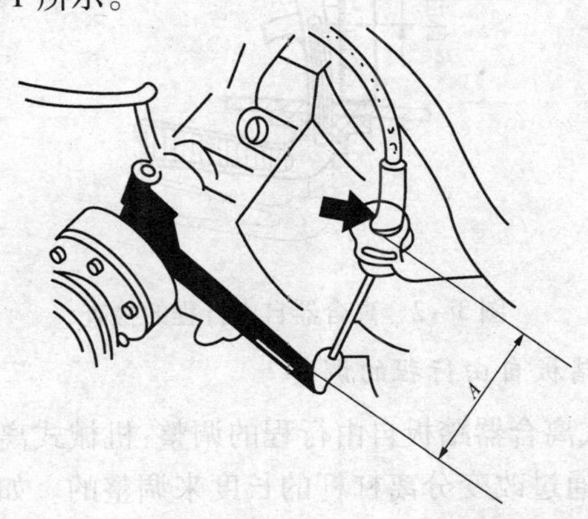

图 3 -1　安装绳索式离合器驱动臂

2. 离合器踏板自由行程的检查

离合器踏板自由行程是指分离杠杆和分离套筒间存在的自由间隙,反映在踏板上有一段自由行程。离合器踏板自由行程是否合适,对离合器的性能影响很大,如果离合器的自由行程过小,可能会使分离杠杆内端顶住分离轴承,造成分离轴承早期损坏,有时还会使分离杠杆端部磨坏擦伤,并造成离合器打滑;如果离合器自由行程过大,可能会使离合器分离不彻底。

调整离合器自由行程之前,应对离合器自由行程进行检查,检查方法如图 3 -2 所示。以驾驶室底板为基准面,测量时,先用量尺测出完全放松踏板后的踏板高度,然后用手推动踏板下移至踏板推不动时,并测出被压后的踏板面高度,二者之差即为踏板自由行程。东风、解放车均为 30 ~ 40mm，小解放为 25 ~ 35mm，夏利轿车为 15 ~ 30mm，桑塔纳轿车为 15 ~ 25mm，奥迪、红旗 CA7220 轿车为 15 ~ 20mm。如果不符合标准，应该进行必要的调整。

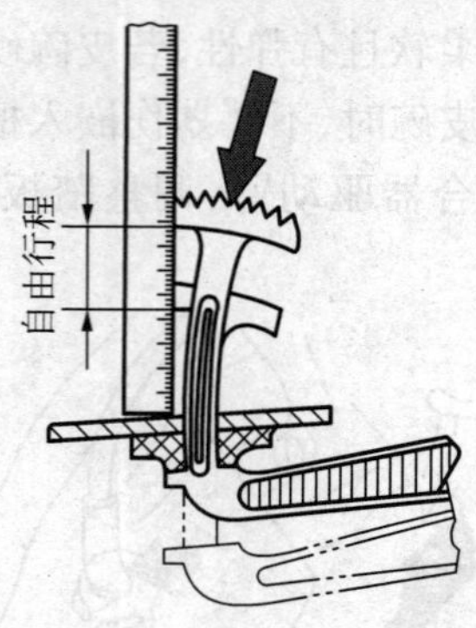

图 3 – 2　离合器自由行程的检查

3. 离合器踏板自由行程的调整

(1) 机械式离合器踏板自由行程的调整：机械式离合器踏板自由行程的调整是通过改变分离杠杆的长度来调整的。如图 3 – 3 所示，调整时，首先旋松锁紧螺母，再转动分离拉杆上的球形螺母来改变分离杠杆的长度。旋出螺母，自由行程增大；反之，自由行程减小。调好后，用锁紧螺母把球形螺母紧固。

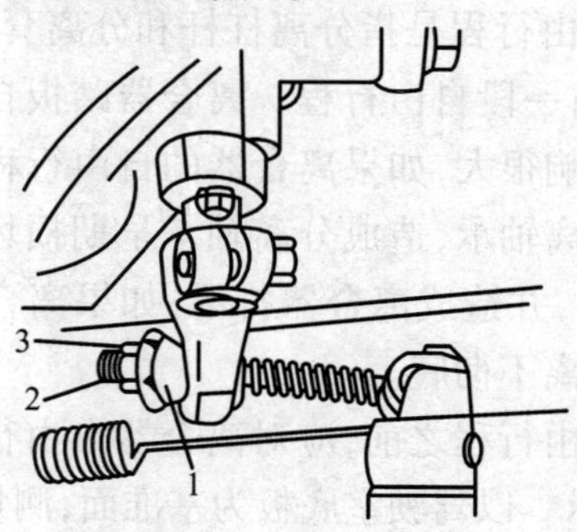

1 – 球形调整螺母　2 – 分离杠杆　3 – 锁紧螺母

图 3 – 3　机械式离合器踏板自由行程的调整

(2)液压式离合器踏板自由行程的调整。液压式离合器踏板自由行程,反映在活塞与主缸推杆间隙,分离杠杆内端面与分离轴承间隙两部分。

活塞与主缸推杆的间隙是通过改变主缸推杆长度进行调整的,根据离合器构造的不同,其调整方法也有所不同。

分离杠杆内端面与分离轴承间隙是通过改变分离叉推杆的长度来调整的,如图3－4所示,调整时,将分离叉回位弹簧取下,把分泵活塞推到缸底部,旋松推杆锁紧螺母,旋转推杆,调整间隙至规定值,最后锁紧锁紧螺母。

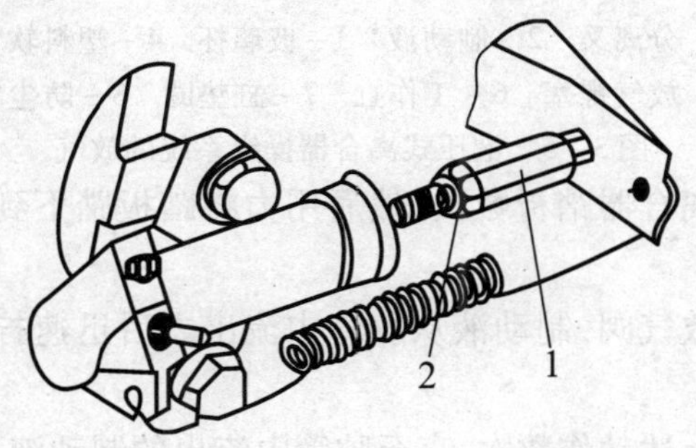

1－调整螺母　2－锁紧螺母

图3－4　离合器工作缸推杆长度的调节

4.液压式离合器操纵系统的放气

对于液压操纵机构,当主缸储液罐液面降得很低,或拆开管路时,由于空气的进入会造成离合器不能正常工作。这时,必须在离合器工作缸处把系统中的空气放掉。离合器液压系统放气的具体方法如下:

(1)取下工作缸放气阀防尘罩。

(2)在放气阀上接一根长度适当的软胶管,胶管的另一端插入同型号的制动液中,如图3－5所示。

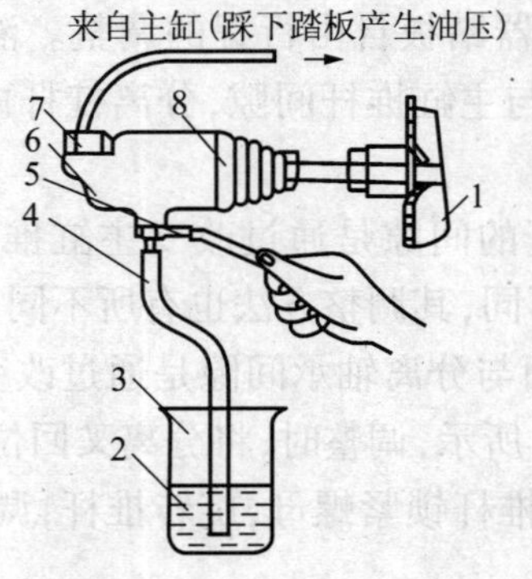

1－分离叉　2－制动液　3－玻璃杯　4－塑料软管
5－放气螺塞　6－工作缸　7－缸垫圈　8－防尘罩

图3－5　液压式离合器操纵系统的放气

(3)踏动离合器踏板数次,然后用力将踏板踏下到最大行程,并保持不动。

(4)松开放气阀,制动液从胶管中流出之后迅速拧紧放气阀,踏板回位。

(5)重复上述动作数次,直至胶管中流出的制动液里没有气泡为止,紧好放气阀。

(6)取下软胶管,装上防尘罩。

(7)往主缸储液罐里添加制动液到规定位置。

5. 操纵机构的润滑

汽车每行驶1 000 km,需要对离合器踏板轴进行一次润滑,用黄油枪向滑脂嘴加注,直至有少量新润滑脂挤出为止。

汽车每行驶2 000 km,需要对离合器分离轴承套筒进行一次润滑,用手顺时针方向将油杯转2～3转即可。

每行驶3 000 km,应旋下油杯盖,加润滑脂,然后装复。

汽车每行驶4 800 km左右,需要对离合器分离叉支承衬套进行一次润滑。

二、离合器总成各零部件的检查

1. 从动盘的检查

利用百分表在车床上检查，弹簧离合器从动盘的端面跳动应小于0.4mm，否则应更换。其检查方法如图3－6所示。

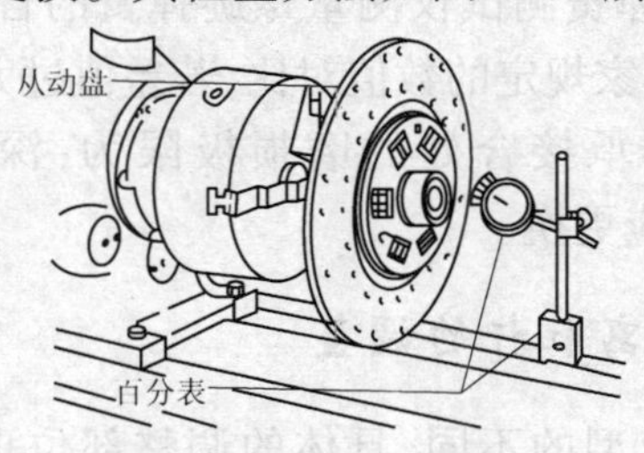

图3－6　端面跳动的检查方法

利用深度游标卡尺检查离合器从动盘摩擦片的厚度是否够用。当其上有油污时，可用汽油布擦净后继续使用。如果有轻微烧蚀或硬化时，可修磨后继续使用。如果烧蚀或裂纹严重以及摩擦片表面磨损至铆钉头的距离小于0.20 mm时，则应更换。其检查方法如图3－7所示。

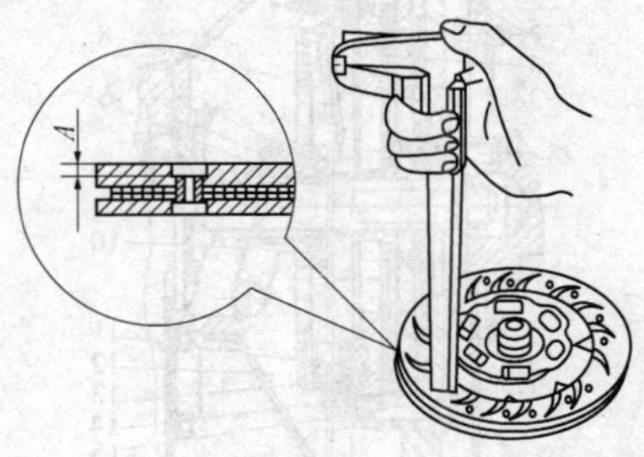

图3－7　铆钉头深度的检查方法

2. 压盘的检查

检查压盘的工作面是否发生磨损、擦伤、龟裂或翘曲等。当平面度超过0.20mm时，应进行更换。

3. 分离杠杆的检查

用游标卡尺测量分离杠杆端面的磨损量,其磨损极限为 1.0mm,超过极限应更换。

4. 膜片式压紧弹簧的检查

用游标卡尺和弹簧测试仪测量螺旋弹簧的自由长度、压缩长度和弹力,并与制造厂家规定的数值对比,若差值过大,应更换新件。

膜片与分离轴承接合处的磨损极限为:深度 0. 60mm,宽度 5.00mm,超过极限应更换。

三、离合器分离杠杆的调整

调整时,根据车型的不同,具体的调整部位也不相同。CA1091 型汽车的调整方法是通过分离杠杆的调整螺母来达到的。旋松螺母,分离杠杆高度降低;旋紧螺母,分离杠杆高度升高。调整后,各分离杠杆的高度应一致,高度差不得超过 0.2mm,然后用开口销锁紧螺母,如图 3-8 所示。

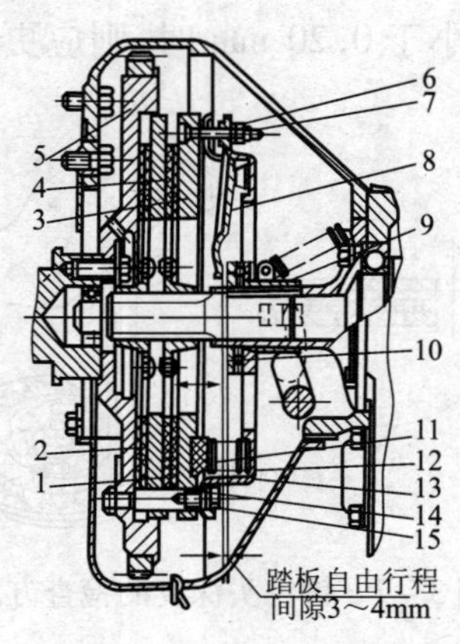

1、2-从动盘 3-压盘 4-中间压盘 5-飞轮 6-分离杠杆连接螺栓
7-调整螺钉 8-分离杠杆 9-分离轴承座 10-分离轴承 11-隔热垫
12-压紧弹簧 13-离合器盖 14-传动销 15-调整螺钉

图 3-8 离合器结构示意图

第二节　变速器的维护

变速器的维护包括机械变速器的维护和液力自动变速器的维护。

一、机械变速器的维护

1. 清洁与润滑

清洁变速器的外部，检查变速器的壳体，注意通气孔的通畅。

(1)润滑油油量的检查。如果变速器油量不足，将使一些部件因润滑不足造成早期磨损，因此，必须定期检查变速器油平面。夏季时，油平面应与加油孔下边缘相平，冬季时应低于加油孔下边缘10mm，如不足应予以补充。

检查变速器油平面的方法如图 3－9 所示。

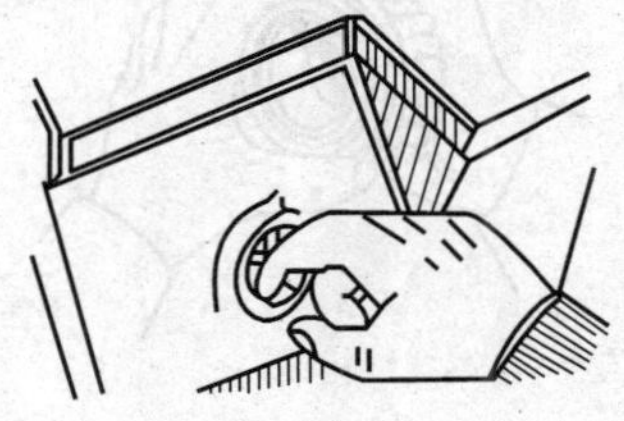

图 3－9　检查变速器油平面

(2)润滑油油质的检查。用手沾少量润滑油捻搓，查看润滑油的颜色，闻气味。如果润滑油有结块、混浊、发臭或掺入杂质，则予以更换。

(3)润滑油的更换。如果检查时发现润滑油变质，应予以更换。更换润滑油的方法过程如下：

①清除放油塞磁铁上的金属沉积物。

②放出废油，旋上放油螺塞，加注清洗油。

③挂上空挡启动发动机。

④待发动机运转几分钟后，放净清洗油，加注新的润滑油。

2. 检查

(1)自锁互锁机构的检查。拆下变速器盖并清洗干净,将变速器盖固定在台虎钳上,推变速器叉,如果用力不大,挂不上挡,而用较大的力才能够推到挡位上,说明自锁良好。

某一变速叉已在挡位上,同时用手推动另一变速叉,不能挂上挡,说明互锁良好。

(2)同步器的检查。将同步器拆下后,用清洗液进行清洗。

检查同步器锥环与锥盘的磨损情况,如果有刮伤,严重磨损或锥环内锥面螺纹槽深小于0.10mm 现象,则要更换同步器。

检查同步器锥环的制动作用。将锥环内锥面涂少量齿轮油后与外锥面接触、压紧并相对转动,正常情况下,松手后内锥面不应从锥面自动滑下,如图 3 –10 所示。

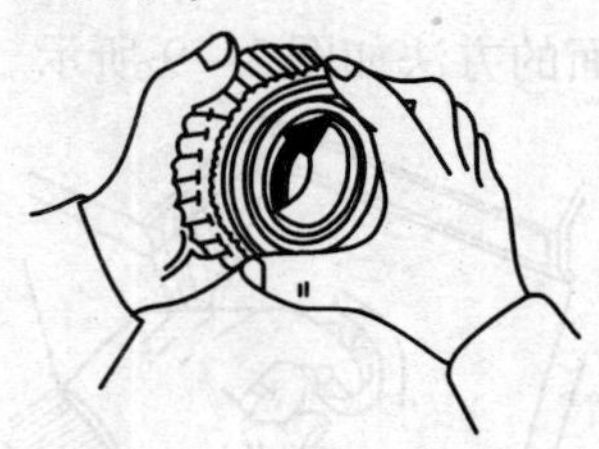

图 3 –10　检查同步器锥环

检查同步器锁销、定位销、齿套的磨损情况,如果磨损严重,应予以更换。

(3)变速器齿轮的检查。检查齿轮如果出现裂纹应更换新件。检查齿轮的齿面如果出现点蚀、胶合或剥落,且面积超过 25%,则应更换新件。检查齿轮顶面如有轻微的剥落,可以用油石修磨平整。检查接合齿轮或相配合的滑动齿轮端部磨损如果超过齿宽的 15%,应更换新件。检查如果齿轮面上的键槽磨损超过 0.20mm,配合间隙超过 0.40mm 时,应更换新件。用百分表检查配合间隙的方法如图 3 –11所示。

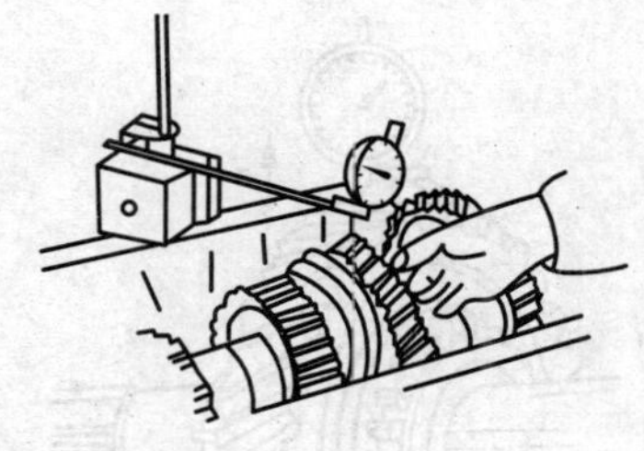

图 3－11　用百分表检查配合间隙

（4）变速器输入和输出轴的检查。

①用千分尺检查轴颈的磨损情况。轴颈磨损达到 0.04mm 时，可堆焊后修磨、镀铬修复或更换。

②轴出现任何形式的裂纹或破碎时都应更换。

③用百分表检查轴的弯曲变形（径向圆跳动量）。当最大径向圆跳动量达到 0.05mm 时，应校正或更换。检查方法如图 3－12 所示。

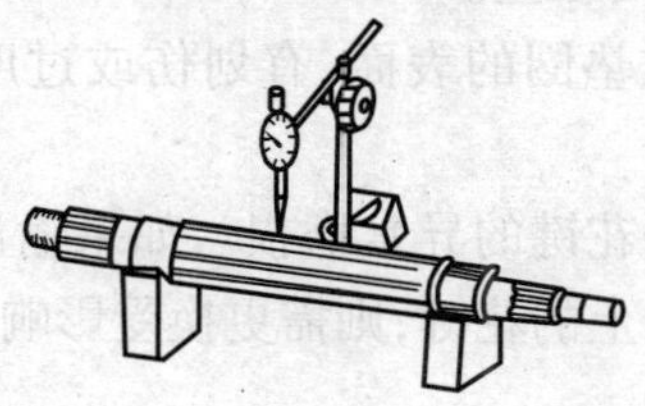

图 3－12　用百分表检查轴的弯曲变形

④轴接合齿圈、花键毂损伤达到齿顶磨损超过 0.25mm、齿长磨损超过全长 30%、啮合间隙超过 0.50mm 的损伤程度时，应更换。

（5）变速器轴承的检查。

①检查钢球和轴承滚道是否有麻坑或剥落。

②测量球轴承的轴向间隙。磨损极限 0.50mm。

③检查滚针轴承和齿轮内圈之间的径向间隙。磨损极限为 0.30mm。其检查方法如图 3－13 所示。

④检查轴承的轴向和径向间隙，更换间隙过大的轴承。

⑤检查轴承与壳体孔的装配间隙，如果轴承能在孔内自由地转

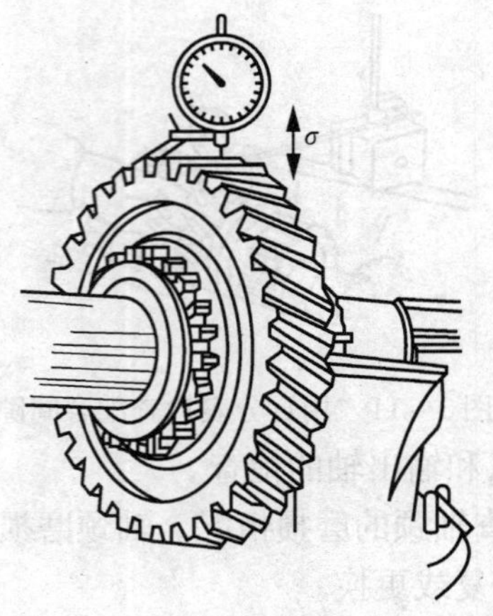

图 3－13　滚针轴承和齿轮内圈之间径向间隙的检查

动,则应当更换壳体。

(6)变速器花键的检查。

①检查所有止推垫圈的表面,有划伤或过度磨损的垫圈必须进行更换。

②检查所有轴上花键的异常磨损。如果输出法兰盘等零件因为磨损过度而影响到轴上的花键,则需更换受影响的轴。

3. 调整

(1)齿轮端面间隙的调整,选择使轴向间隙最小的卡环,将其装在轴上来调整齿轮的轴向间隙。

(2)各轴承的轴向间隙用轴承盖下的垫片厚度来调整。第一轴的轴向间隙不大于 0. 15mm,其余各轴的轴向间隙不大于 0. 25mm。

二、液力自动变速器的维护

1. 油液液面的检查

一般汽车每行驶 10 000 km,应对液力自动变速器的油液液面检查一次。检查时一般都要求在变速器热态时将汽车停放在水平路面上,发动机怠速运转,选挡杆放在 P 位,此时将油尺插入检查,油面应达到油尺上规定的上限刻度附近为准。

2. 油液品质的检查

油液品质的检查主要是对油液的颜色、气味和是否含有杂质进行检查。一般用手指沾少许油液并捻搓，查看是否有渣粒存在，并嗅一嗅油液的气味，如图 3－14 所示，油液应清澈带红色、无臭味、无残渣。如果油液呈暗红或褐色或颜色清淡，应更换油液。如果有类似膏状物覆盖在油标尺上，应更换油液。

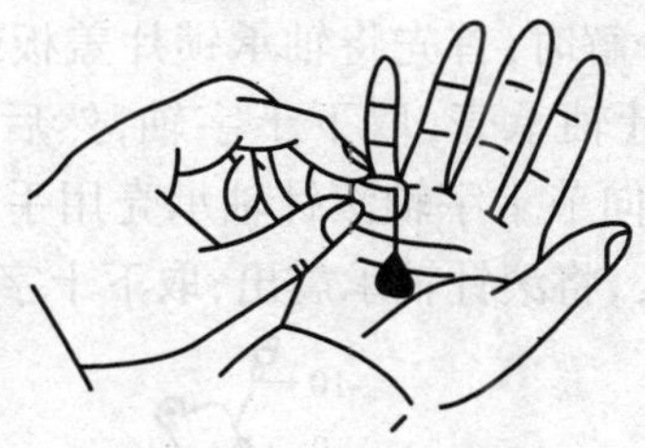

图 3－14　油液品质的检查

3. 油液或过滤器的更换

一般汽车行驶 38 000 km 时，自动变速器要换用新油和新的过滤器。对于不用过滤器而用滤网的变速器，则要清洗滤网，如图 3－15 所示。

图 3－15　卸下放油螺塞放油

第三节 万向传动装置的维护

万向传动装置的维护包括万向节的检修、传动轴的检修、中间支承的检修。

1. 万向节的检修

(1)万向节的分解(以CA1091型汽车为例,予以说明)。如图3-16所示,万向节分解时,首先将轴承锁片盖板螺栓及盖板取下,再用手推出十字轴滚针轴承壳,取下十字轴,然后从十字轴上取下油封、滚针轴承等。万向节十字轴滚针轴承壳用手推不出来时,可以通过用手锤敲打焊接叉,将滚针轴承震出,取下十字轴。

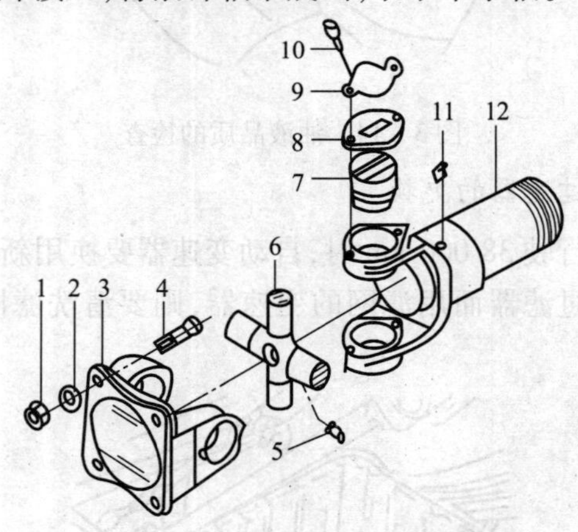

1-螺母 2-弹簧垫圈 3-传动轴凸缘叉 4-螺栓 5-十字轴润滑嘴
6-十字轴 7-万向节滚针轴承 8-滚针轴承支撑片 9-锁片
10-支撑片固定螺栓 11-黄油嘴 12-传动轴滑动叉

图3-16 万向节的分解

(2)万向节拆卸后应将零件进行清洗,擦干后进行检查。

①检查万向节球形壳与星形套,保持架及钢球接触面有无凹痕和磨损,钢球和滚道应无锈蚀、烧蚀。

②将万向节总成内外半轴各用两块 V 型铁支承,用百分表的触头沿星形套圆周的切线方向触及套的凸齿,在外半轴不动的情况下来回转动内半轴,此时百分表指针的摆动量为万向节的传动间隙,如果超差必须更换。

③万向节轴承盖板,轴承盖上的止动凸起部分应完整无损,否则应予以修复或更换。轴承与十字轴颈配合间隙的检查如图 3 – 17 所示。

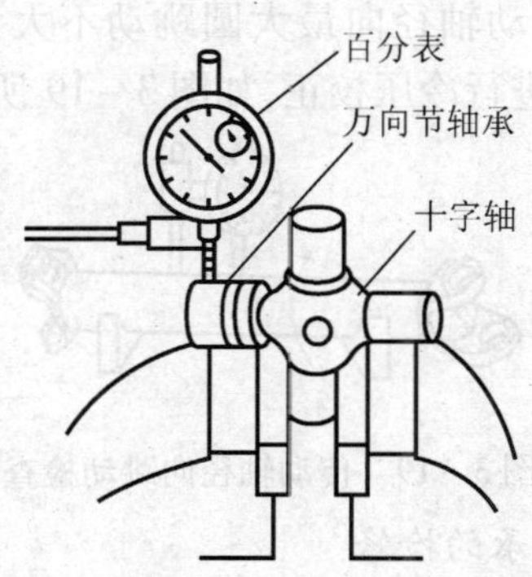

图 3 – 17　轴承与十字轴颈配合间隙的检查

2. 传动轴的检修

(1)传动轴的拆卸。拆卸传动轴前应用三角垫块塞住汽车前后轮,以防汽车滑动。拆卸时注意从后节传动轴的后端开始,依次拆卸。

①先拆下传动轴万向节与后桥主减速器突缘相接的 4 个螺栓并使其分离,再拆下传动轴前端突缘叉与中间传动轴突缘叉相连接的 4 个螺栓,用手托住滑动叉,用手锤向后轻敲滑动叉,即可拆下传动轴。

②拆下中间传动轴与变速器输出轴突缘的连接螺母,再拆下中间传动轴承支架与车架中横梁连接的两个螺栓,然后将中间传动轴连同中间支承一起拆下。

(2)传动轴的检查。用百分表检查传动轴花键齿与滑动叉的最大配合间隙不得超过 0.4mm,若间隙过大,应更换新件,如图 3 – 18 所示。

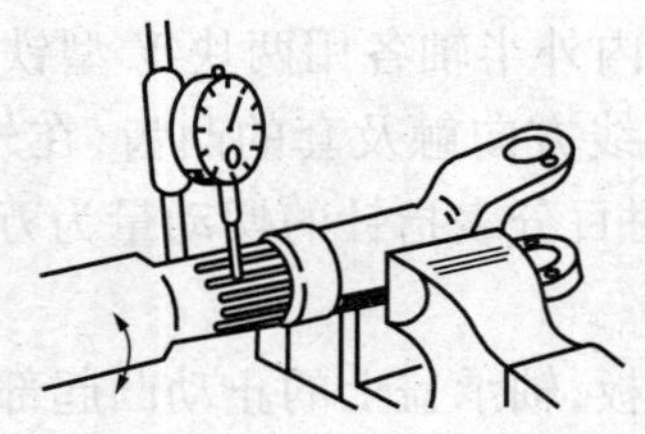

图 3－18　传动轴花键侧隙检查

用百分表检查传动轴径向最大圆跳动不大于 0.8mm，到超过极限值时，应在压床上进行冷压校正，如图 3－19 所示。

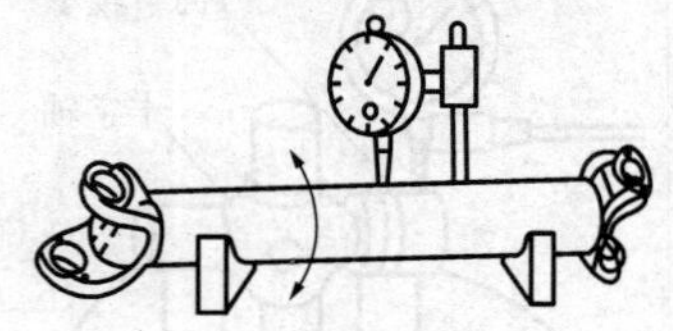

图 3－19　传动轴径向跳动检查

3. 传动轴中间支承的检修

（1）传动轴中间支承的检查。当传动轴中间支承轴承的轴向间隙大于 0.3mm 时，应对中间支承总成解体检查。解体之前要进行检查，如果出现橡胶垫环老化、中间支架裂损、橡胶垫环与中间支架配合松动等现象，则应更换橡胶垫环、修复中间支架。解体后检查，如果出现轴承内外圈的滚道及滚子表面出现损坏、疲劳剥落、烧蚀等现象，则应更换新件。

（2）中间支承轴向间隙的调整。

①EQ1092 型汽车轴向间隙不可调，当轴向间隙过大时，应更换中间支承轴承。

②CA1092 型汽车轴向间隙可以调整，如图 3－20 所示，当轴向间隙过大时，拆下突缘及中间支承支架，拿出隔套并适当磨薄，使轴承处于不受轴向力作用的自由状态，轴向间隙为 0.15～0.25mm。装配后，先将突缘锁紧螺母拧紧，注意拧紧力矩要大于 250N·m，然后，将中间支承总成夹在台虎钳上，用百分表测量轴向间隙，使其保持在

0.05mm左右,或者用手转动灵活,没有明显的轴向间隙感觉(注意排除由于毛毡油封太紧而造成的假象)。

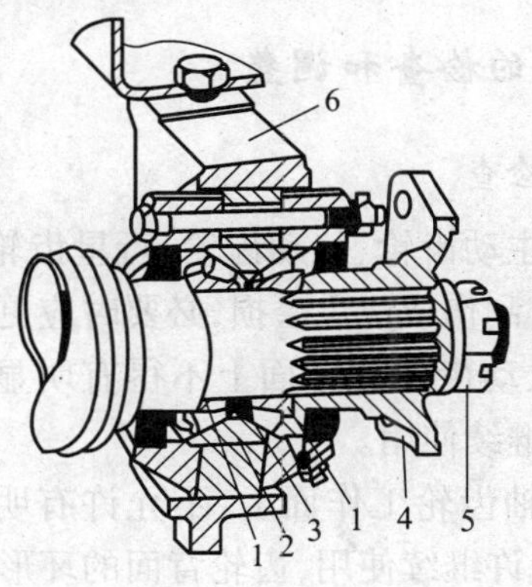

1－内圈　2－外圈　3－隔套　4－突缘
5－螺母　6－中间支承支架

图3－20　CA1092型汽车中间支承轴向间隙调整

第四节　驱动桥的维护

驱动桥的维护包括驱动桥的检查、紧固、润滑和主减速器的检查和调整。

一、驱动桥的检查、紧固、润滑

检查主减速器、各连接部分和油封处是否漏油,必要时更换衬垫和油封,并注意通气塞的清洁,保持通气塞的畅通。

检查驱动桥桥壳有无弯曲和裂纹,检查轴管和桥壳的配合有无松动,检查桥壳、减速器壳的所有螺栓和螺母是否紧固。检查主减速器主动锥齿轮前端的突缘螺母,并按规定力矩紧固,装好开口销。

检查主减速器壳内的油平面是否符合要求,如需添加,注意添加齿轮油的牌号与原用齿轮油牌号相同。

检查润滑油的质量,必要时,应予以更换。注意换油要在热态下进行。

二、主减速器的检查和调整

1. 主减速器的检查

检查主减速器主动齿轮、从动齿轮、行星齿轮和半轴齿轮的表面接触情况,看是否有刮伤或严重磨损,必要时应更换不合格的齿轮。

主减速器主、从动齿轮工作面上不得有明显斑点及缺损。对轻微的斑点可打磨后继续使用。

行星齿轮和半轴齿轮工作面上,不允许有明显剥落。齿面上轻微的锈蚀和擦伤,允许继续使用,齿轮背面的环形擦伤宽度不超过1/3时,修磨后可继续使用。

检查从动锥齿轮的偏摆量。检查方法如图 3-21 所示,最大偏摆量为 0.10mm,如偏摆量超限,则应成套更换齿轮。

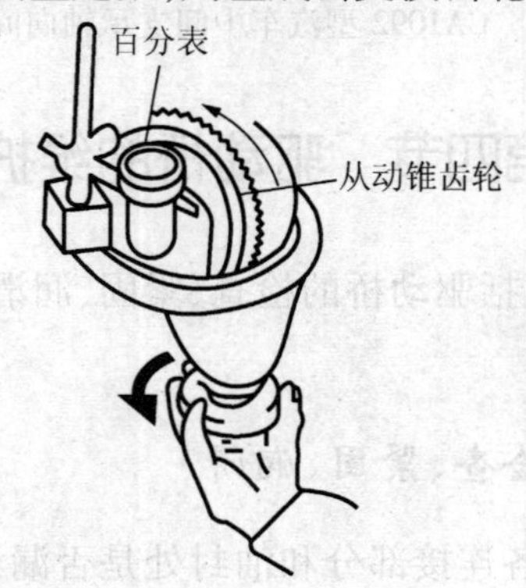

图 3-21　从动锥齿轮偏摆量的检查方法

检查啮合间隙采用百分表测量(如图 3-22 所示),测量位置在从动锥齿轮圆周均布且不少于三个齿上进行测量,并垂直于齿的大端凸面方向。主、从动锥齿轮啮合间隙标准值为 0.15~0.40mm。

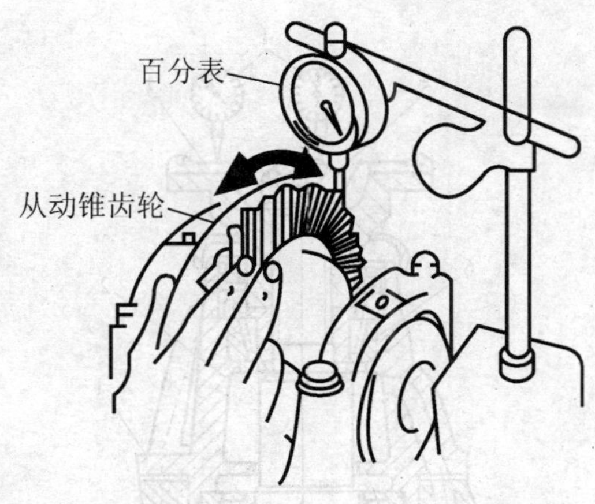

图3－22 主、从动锥齿轮间隙的检查

检查差速器壳和轴承盖上的规定螺栓是否齐全，并按规定力矩拧紧。

2. 主减速器的调整

(1) 主动圆锥齿轮轴承预紧度的调整。

主动锥齿轮轴承预紧度的调整。一般采用量具测量法和预紧力矩法调整主动锥齿轮轴承预紧度。

①量具测量法。如图3－23所示，在主动锥齿轮装配过程中，用百分表测出主动锥齿轮轴上端面与突缘平面间的距离 h_1（不装调整垫片），再装上一个固定厚度B的标准垫圈供测量用，并按规定力矩拧紧螺母，测出上述距离 h_2，计算出两次测得的差值 $h_3 = h_1 - h_2$，并取 $h_4 = h_3 - 0.05$（装合后的轴承轴向间隙一般为0.05mm），则选用的调整垫片厚度应为 $\Delta h = B - h_4$，然后在主动锥齿轮上取下标准垫圈，并放选用的调整垫片，按装配顺序重新装配，把锁紧螺母按规定扭矩拧紧。

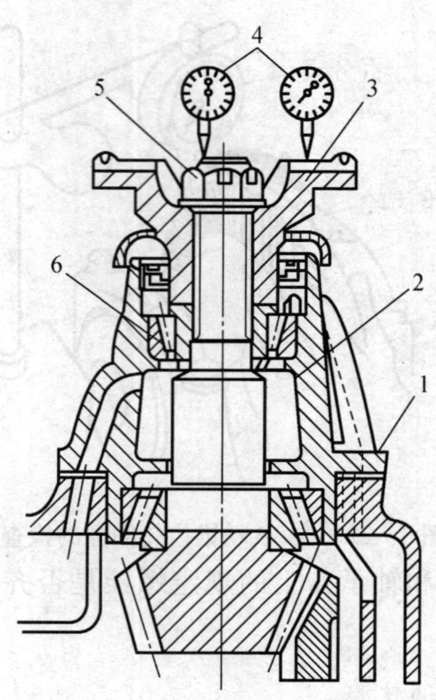

1－调整垫片　2－主动锥齿轮　3－万向节突缘

4－百分表　5－锁紧螺母　6－调整垫片

图3－23　用测量法选择调整垫片的厚度

注意拧紧锁紧螺母时应不断转动主动锥齿轮,以保证轴承滚子与座处于正确的啮合位置。最后在轴承盖的装配面上涂一层密封胶,用螺栓将轴承盖紧固在轴承座上。

②预紧力矩法(如图3－24所示)。当主动锥齿轮和轴承装复后,把轴承座夹在虎钳上,并把轴承盖推向突缘,使其定位缺口与轴承座脱离,用弹簧秤沿凸缘的切向测量主动锥齿轮的所需扭矩,如果所测扭矩过大,说明轴承过紧,应增加前轴承内座端面上的调整垫片,反之,则应减少调整垫片,测量预紧度时应不装油封。

有的车型采用扭力计测量预紧度,即用扭力计在锁紧螺母上预加力矩判断,如在规定的预紧力范围内,主动轴应能灵活转动,且无轴向间隙为合格。

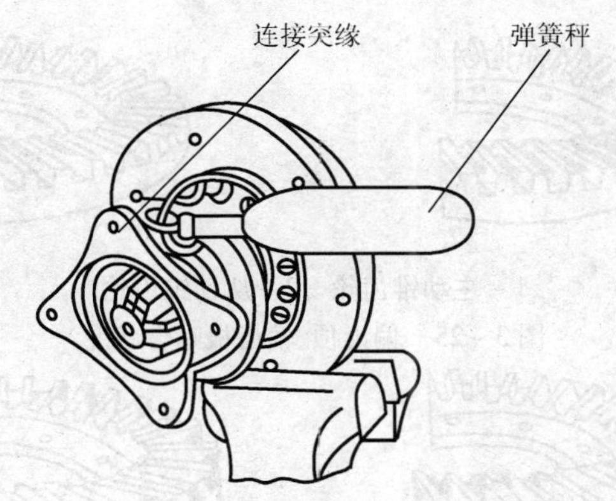

图 3 – 24　预紧力矩调整法

(2)从动圆锥齿轮轴承预紧度的调整。用手转动从动锥齿轮应能灵活转动,无阻滞现象。用撬棒沿轴向往复撬动齿轮轴时,应无轴向间隙感觉;否则,可通过增减齿轮轴两侧盖与壳体结合面之间的调整垫片来调整。增加调整垫片,轴承预紧度减小,反之,轴承预紧度增加。注意,增减垫片时,应尽量在两侧盖内同时增减,而且,增减垫片的厚度应尽量保持一致。

(3)主、从动圆锥齿轮啮合印痕的调整。应先将齿轮清洗后,用中等黏度的油质颜料(如红丹)均匀、薄薄地涂在主动齿轮相邻的两个齿面上,对从动齿轮稍施点压力,来回转动主动齿轮。观察齿面上所压的红色印痕是否正确,以判断是否需要调整。

啮合印痕的调整必须在主减速器主、从动齿轮轴承预紧度调整合格后进行,齿轮正确的啮合印痕是由主、从动锥齿轮轴向位移来调整的。常见不正确的啮合印痕有:偏齿顶、偏齿根、偏大端、偏小端。

如偏齿顶可向从动锥齿轮轴线方向移离主动齿轮,如图 3 – 25(a)所示;偏齿根可向从动锥齿轮轴线方向移动主动齿轮,如图 3 – 25(b)所示;偏大端可向主动齿轮轴线方向移动从动锥齿轮,如图 3 – 26(a)所示;偏小端可向主动齿轮轴线方向移离从动锥齿轮,如图 3 – 26(b)所示。

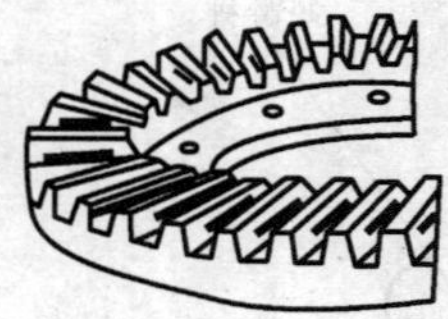
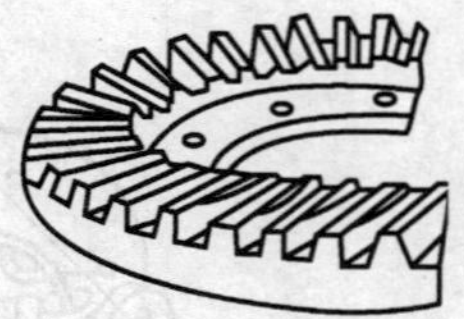

1－主动锥齿轮　2－从动锥齿轮

图 3－25　偏齿顶、偏齿根啮合状况

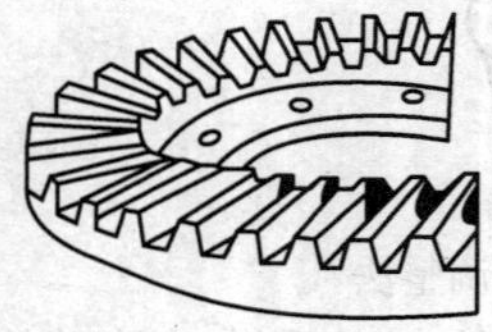
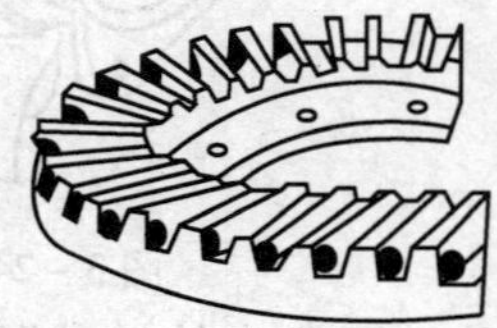

1－主动锥齿轮　2－从动锥齿轮

图 3－26　偏大端、偏小端啮合状况

(4)主、从动圆锥齿轮啮合间隙的调整。啮合间隙的调整通过移动在轴上主、从动圆锥齿轮来进行的。当啮合间隙过大时，则将两齿轮移近；反之，则将两齿轮移远。在调整的过程中，如果出现啮合间隙和啮合印痕相冲突的现象，则应尽量满足啮合印痕，这时，可将啮合间隙稍微调大一些，但最大不能超过 1mm。

第五节　转向系的维护

转向系的维护包括机械式转向系的维护和动力转向系的维护。

一、机械式转向系的维护

1. 清洁检查

检查转向油泵带张紧力时，用手以约 100N 的力从带的中间位置处按下，如果带的松紧度合适，则挠度应为 9～10mm，如图 3－27 所示。

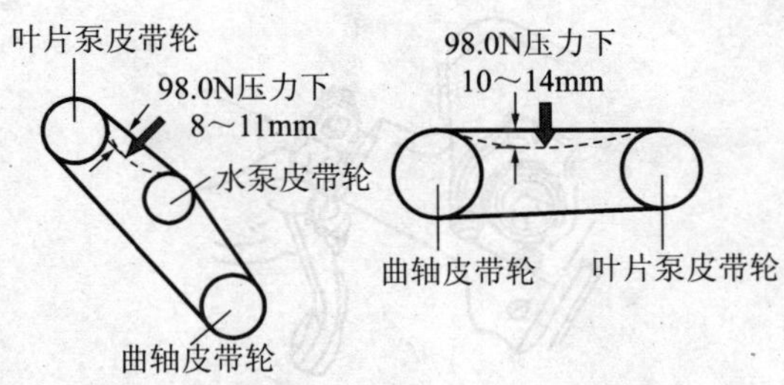

图 3－27　检查动力转向油泵皮带的张紧度

2. 转向盘自由行程的检查

将汽车停在平坦的地面上，使车轮处于直线位置，将测量仪安装在转向盘上。驾驶员向一个方向缓慢转动转向盘直至车轮开始摆动，停止转动转向盘。此时，可以从仪器上读出转向盘的自由转动角度，然后再测出另一个方向的自由转向角度。CA1092 转向盘自由行程正负 15°，如图 3－28 所示。

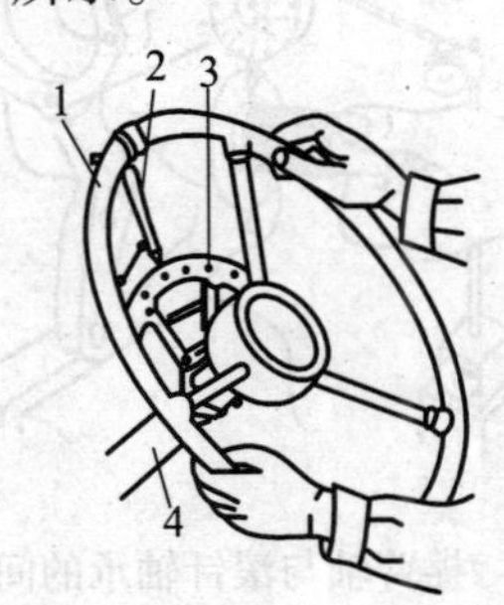

1－转向盘　2－检查器指针

3－检查器刻度盘　4－转向柱

图 3－28　转向盘的自由转动量的检查

3. 转向摇臂轴轴向间隙的检查

用手握住摇臂，用力轴向推拉，如有松旷感觉，说明转向螺母齿条与转向摇臂轴扇齿的啮合间隙过大，应予以调整，如图 3－29 所示。

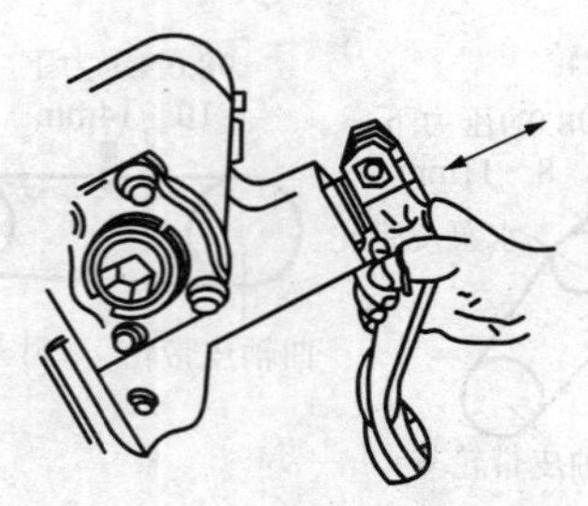

图 3－29　检查转向摇臂轴轴向间隙

检查摇臂轴、锯齿花键是否损坏。锯齿花键的损坏如超过两个，应予以更换。

检查摇臂轴与滚针轴承的间隙，如果间隙超过 0.10～0.12mm，应更换摇臂轴与滚针轴承，如图 3－30 所示。

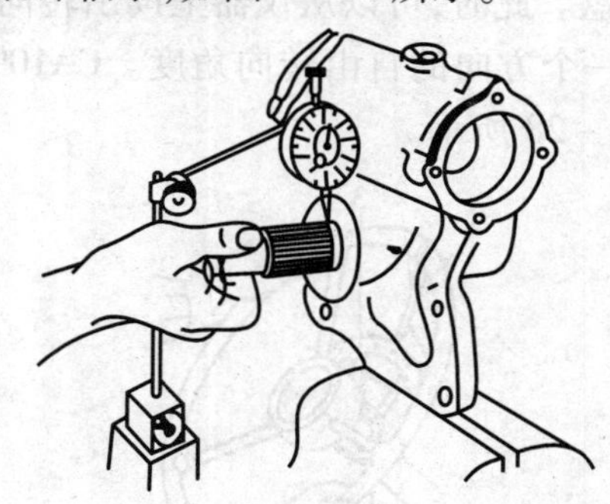

图 3－30　摇臂轴与滚针轴承的间隙检查

4. 转向螺杆与螺母的检查（以 CA1092 型汽车为例）

一般情况下，转向螺杆螺母总成不分解。如果检查时，若有转向不灵活等现象时，才将其分解。转向器的分解过程为：

①除去转向器的油污，把外部清洗干净。

②拆下转向器侧盖，取出转向摇臂轴，如图 3－31 所示。

③拆下转向器前盖，取出转向螺杆与螺母总成。

④拆下循环球导管夹，拔出导管，取出全部钢球，再从螺杆上取下螺母。

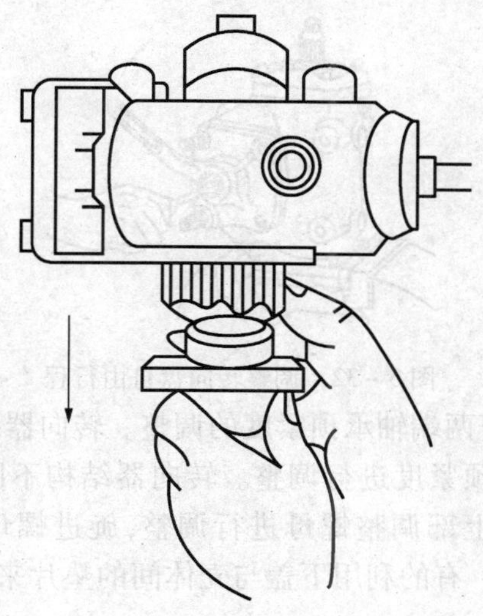

图 3－31　拆下转向器侧盖,取出转向摇臂轴

转向螺杆螺母总成的检修方法:

①检查转向杆轴颈对其中心的跳动量时应把转向杆轴颈用 V 型铁支起,用百分表进行检测,一般跳动量不得大于 0.08mm。

②检测钢球与轨道配合间隙不得大于 0.05mm。

③用检视法检查转向螺杆螺母上的钢球滚道,应无金属剥落。若有脱层剥落、刻痕或压坑,应更换。

④若钢球磨损,配合超过标准间隙或钢球剥落破碎,则应更换。更换钢球时,钢球的规格、数量、材质等必须符合原技术标准。

⑤检查转向螺母上的钢球导管,若破裂、凹陷等应更换。

5. 转向器的调整

(1)转向盘自由行程的调整。调整之前,转向器应固定良好,各连接部位间隙正常,轮毂轴承及转向节间隙正常。

调整方法是:将调整螺钉上的锁紧螺母松开,旋入或旋出调整螺钉,左右转动方向盘,当其自由行程符合规定时,将调整螺钉上的调整螺母拧紧,如图 3－32 所示。

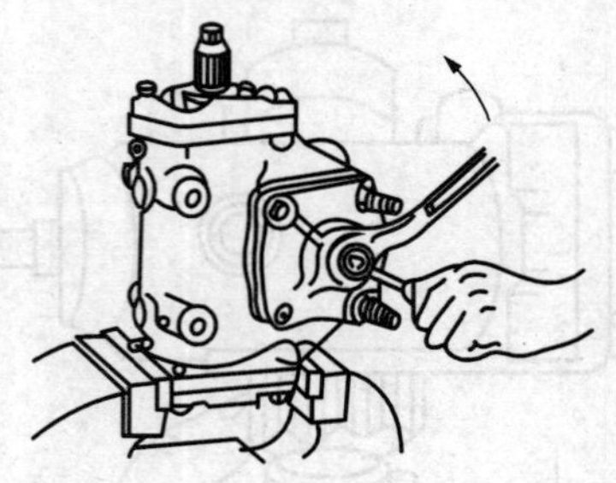

图 3－32　调整转向盘自由行程

(2)转向螺杆两端轴承预紧度的调整。转向器装复后,必须对转向螺杆两端轴承预紧度进行调整。转向器结构不同,其调节方法也不同。有的利用上部调整螺母进行调整,旋进螺母,轴承预紧度增加,反之,则减少。有的利用下盖与壳体间的垫片来调整,如图 3－33 所示。

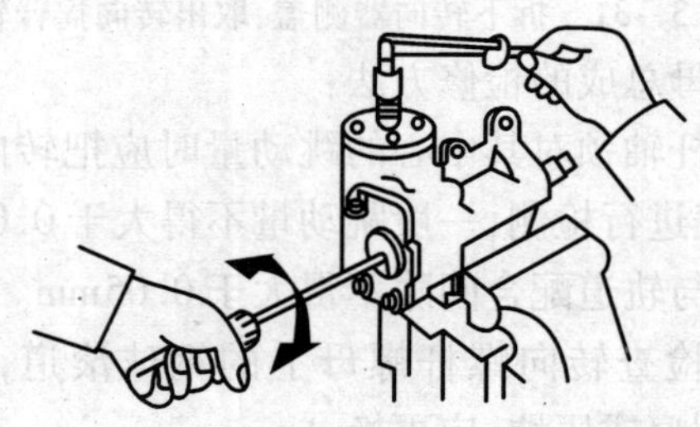

图 3－33　转向螺杆轴承预紧度的调整

二、动力转向系的维护

1. 动力转向系的清洗和换油

动力转向系的清洗和换油通常应行驶 50 000 km 进行一次,确保转向系更安全、更可靠的工作。动力转向系的清洗和换油步骤为:

(1)使用专用设备,用动力转向系强力清洗剂,首先换出动力转向系中的旧油。

(2)用清洗剂清洗动力转向系统。

(3)用油(加动力转向保护剂)再次换出动力转向清洗剂,直至换油结束。

2. 动力转向系的定期检查维护

(1)更换液压油，排放空气。当发现液压油出现发黑变质时，应更换新油。在加油过程中，由于油泵在吸油时真空度较大，油液中会吸入一些空气，因此加油后必须排气。排气方法为：

①将车顶起，从贮油箱上拆下回油管，使液压油流入容器内。

②启动发动机并怠速运转，反复转动转向盘使动力转向装置内的液压油全部排出。

③使活塞以全行程往复运动，将空气从油箱中逐渐排出。

④排气过程中应不断添加油液。当油箱中不再出现气泡，而且油液保持在要求的高度上时停止排气。

(2)定期检查储液缸罐内动力转向液的液面高度。如果液面高度不符合要求，必须加注液力传动油。

(3)油泵油量的检查。在发动怠速运转下原地转动方向盘多次，使液压油温升高到80℃左右，查看贮油箱内的油液有无气泡。油量应在油尺的正常标记处。

(4)油压的测试。将压力表接到动力转向装置回路中，使油温升至80℃，保持发动机怠速运转。这时若油压达不到规定值，且在逐步关闭手动阀时，油压也不能提高，应判定为油泵有故障，或安全阀未调整好，应拆检修复，重新调整油压，必要时应更换。

第六节　行驶系的维护

行驶系的维护作业包括前轮定位的检查与调整、轮胎的维护、钢板弹簧的维护和减振器的维护。

一、前轮定位的检查与调整

1. 前轮前束的检查与调整

测量前轮前束时，将汽车轮毂轴承间隙调整好，轮胎充气压力应符合规定，同时使汽车处于直线行驶位置。在左右轮胎正前方胎面中间相对于转向节轴颈中心高度处作一记号，并测出两轮后端距离 A 值，然后转动车轮 180°，将记号转到正后方同一高度测得两轮前端距离 B 值。如测量值的差不符合规定，应调整。但要注意：在使用前束尺测量时，前束尺的指针高度与轮胎中心高度相同。前轮前束的测量如图 3－34 所示。

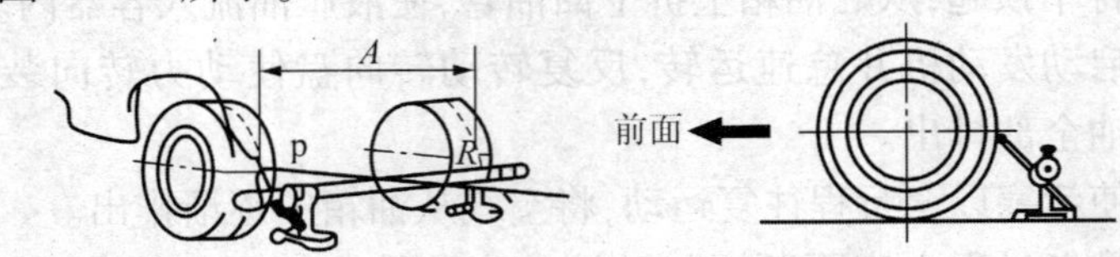

(a)调整前束尺，测量前轮后端A值

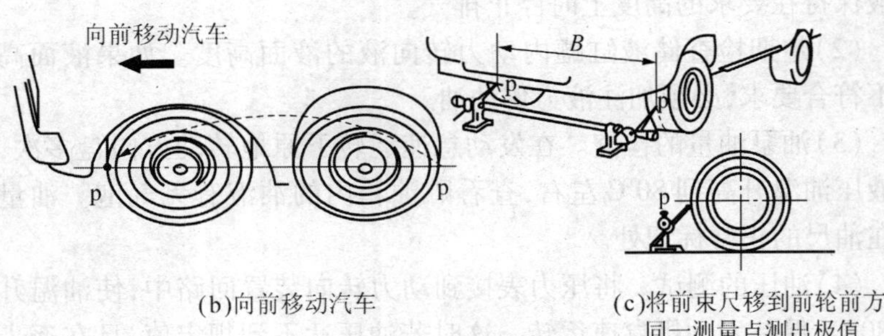

(b)向前移动汽车　　(c)将前束尺移到前轮前方，同一测量点测出极值

图 3－34　前轮前束的测量

调整前束之前，首先必须确定前轮是否指向正前方、转向盘是否居中，然后松开转向横拉杆调节套筒上的固定螺栓，转动调节套筒。调整时，可拧松转向横拉杆接头锁紧螺栓，转动横拉杆调出所需前束值，如图 3－35 所示。具体的调整方法为：

①将转向器置于中间位置。

②拧出转向中间轴盖上的螺栓。

③将带有挂钩的专用工具安置在左转向横拉杆的紧固螺母上。

④用螺钉将做衬垫的间隔件固定到转向器孔中。注意不得使用一般螺钉，因为一般螺钉太短，会碰坏转向盘的螺纹。

⑤总前束值分为两半，分别在左、右转向横拉杆上调整。

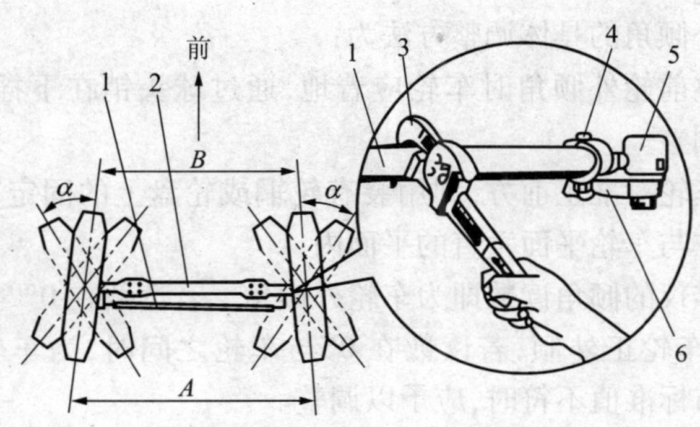

1－横拉杆　2－前轴　3－管子钳
4－锁紧螺母　5－球头　6－纵拉杆

图 3－35　前轮前束的调整

⑥固定转向横拉杆。

⑦重新拧紧转向中间轴盖上的螺栓。

2. 车轮外倾角的检查与调整

将水准仪安装在与车轮平面垂直的平面内，水准仪的读数即为车轮外倾角。当前轮外倾角不正确时，轮胎会出现单边磨损。如果左右轮外倾角差值过大，会使汽车侧滑跑偏；如果外倾角过大，高速时车身振动加剧；外倾角过小，转向太沉，回位不良。车轮外倾角的检查，如图 3－36 所示。

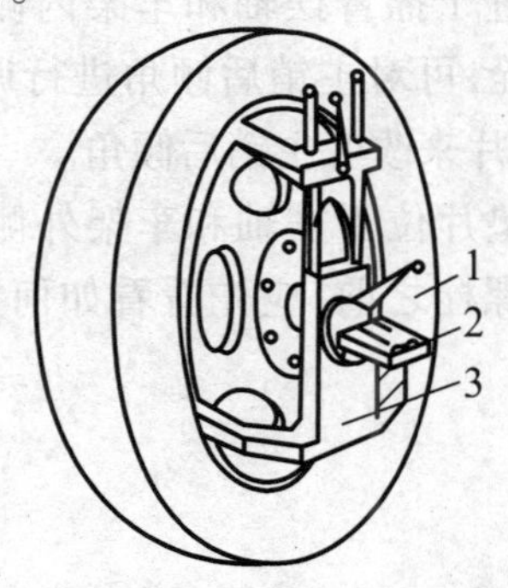

1－被测车轮　2－水准仪　3－固定支架

图 3－36　检查车轮外倾角

车轮外倾角的具体调整方法为：

①调整前轮外倾角时车轮应着地，通过球头销在下摇臂长孔中的位移来调整。

②将车轮对准正前方，利用装有轮辋或轮盘上的固定支架，将水准仪安装在与车轮平面垂直的平面内。

③水准仪的倾角读数即为车轮外倾角。若读数在0°与车轮的另一侧时，为车轮正外倾；若读数在0°与车轮之间时，为车轮负外倾。当测量值与标准值不符时，应予以调整。

④使用独立悬架的转向桥大多可以调整。非独立悬架车轮外倾角是由转向节的结构确定的。转向节安装到前轴后，其轴颈相对于水平面向下倾斜，从而使车轮安装后外倾，一般不能调整。

3. 主销内倾角的检查

将水准仪安装在与车轮平面垂直的平面内，分别将车轮向内、向外侧各转动20°，记录水准仪水泡倾斜的角度，即可换算出主销内倾角。主销内倾角由结构设计决定，一般不能调整。

4. 主销后倾角的检查与调整

将水准仪安装在与车轮平面垂直的平面内，分别将车轮向内、外侧各转动20°，分别记录水准仪的倾角，即可换算出主销后倾角。

许多汽车将垫片置于摇臂摆轴和车架内侧之间，用来调整主销后倾角。拧松垫片螺栓，可对主销后倾角进行调整。调整时，只能从摆动轴的一端加、减垫片来改变主销后倾角。

有些汽车的调整垫片位于摆轴和车架外侧之间，调整步骤与上述方法相同。在拧松螺栓之前，应先看看如何放置垫片才能得到所希望的变化。

二、轮胎的维护

1. 轮胎的检查

(1)及时检查轮胎气压，其标准充气压力见表3－1。

表 3－1　轮胎的标准充气压力

轮胎种类		充气压力(kPa)
子午线轮胎	前轮胎	490
	后轮胎及备胎	620
普通斜线轮胎	前轮胎	392
	后轮胎及备胎	520

(2)应在常温下检查轮胎气压,冬季轮胎气压应增高 20kPa。

(3)经常检查轮胎磨损情况。

(4)轮胎不可接触润滑油和燃油。

(5)避免长期曝晒。

(6)新换的轮胎或修理过的轮胎必须进行动平衡试验方可装车。动不平衡可以通过轮辋两侧边缘上安放的平衡块来调整不平衡量。

2. 轮胎的使用

轮胎使用时的注意事项为:

(1)如果发现前轮比后轮磨损大,为了保证安全,应进行轮胎换位。轮胎换位的方法有交叉换位法和同轴换位法等。

(2)车轮及螺栓是相互配对的。调整不同规格的车轮,必须采用锥度合适的螺栓,因为螺栓会影响车轮的紧固程度。

(3)若轮胎上的磨损指示条已经磨损,应立即更换轮胎,否则很难保证轮胎的附着性和安全性。

(4)轮胎更换时应成对更换,并且花纹深的轮胎应装在前轮。

(5)轮胎与轮辋必须配套使用,拆装时要用轮胎拆装机。

(6)同一轴应使用同种规格和同种花纹的轮胎。

(7)装上新的无内胎轮胎时应同时装上新的橡胶气门嘴。

(8)不允许对轮辋进行敲击和使用撬棒,以防轮辋变形和破坏气密性。

3. 轮胎的检修

(1)轮胎装配时应仔细清除轮辋的铁锈泥污。

(2)汽车每行驶 12 000 km 时,应按规定进行轮胎换位,以延长轮胎的使用寿命。

(3)汽车若用子午线轮胎,要注意轮胎侧薄,变形大,应避免机械损伤。

(4)如果发现胎侧顺线裂口,应及时修补,如裂口已扩展至胎体帘布层,则应停止使用。

(5)后双胎之间夹石块等物,必须立即停车清除,否则容易损坏轮胎。

4. 轮胎的换位

为延长轮胎的使用寿命,应根据轮胎的磨损情况,进行轮胎换位工作。载货汽车的轮胎换位顺序如图 3 - 37(a)所示。

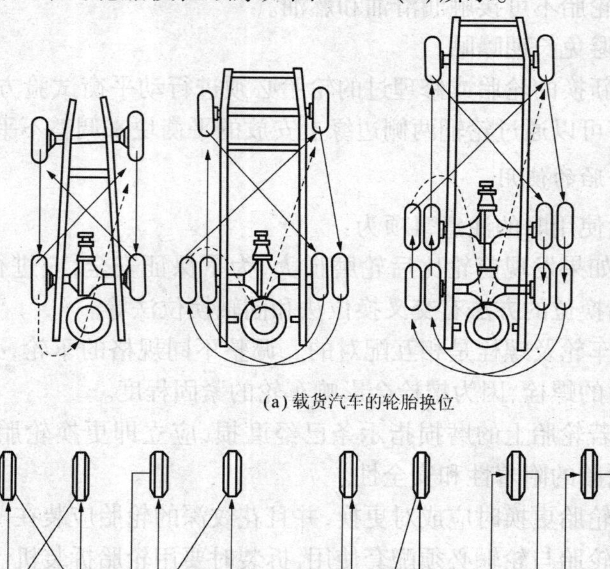

(a) 载货汽车的轮胎换位

(b)小轿车的轮胎换位

图 3 - 37　轮胎换位

一般轿车的轮胎换位顺序如图 3－37(b)所示,其中,1 和 2 用于斜交轮胎,3 和 4 用于子午线轮胎。需要注意的是,子午线轮胎不能进行交叉换位,只能在一边由前换到后,或由后换到前。否则要改变轮胎的旋转方向,加剧轮胎的磨损,并影响汽车的转向性能。

5. 车轮的动平衡

车轮必须经过动平衡,否则会影响汽车的操纵性、稳定性及加速轮胎的磨损。动平衡的检测方法有两种。

(1)就车式动平衡机的检测方法。就车式动平衡机(结构如图 3－38所示)可在汽车不拆卸的方式下进行车轮动平衡检测。其检测方法为:

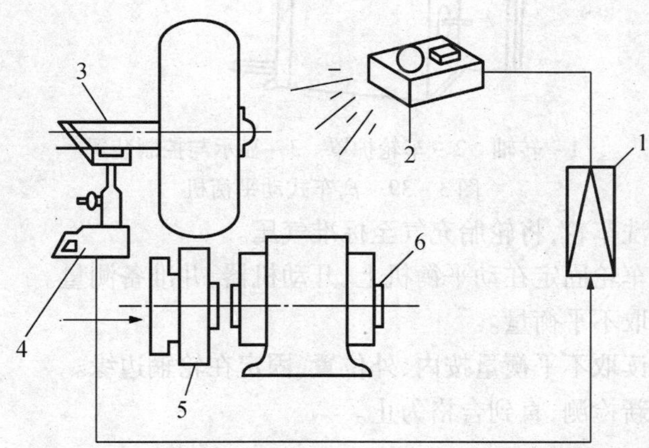

1－不平衡度表　2－频闪灯　3－转向节　4－底座　5－转轮　6－电动机

图 3－38　就车式动平衡机

①清洗车轮,将轮胎充气至标准气压,轮毂轴承松紧度要合适。

②拆卸旧平衡块,然后检查车轮的离地间隙,并做好标记。

③将传感器头装在制动底板的边缘,使汽车在规定的转速下旋转,然后读取不平衡量。

④加装平衡块,重新检测,直到合格为止。

(2)离车式动平衡机的检测方法。离车式动平衡机(结构如图 3－39所示)是在车轮拆卸的方式下进行车轮动平衡检测。其检测方法为：

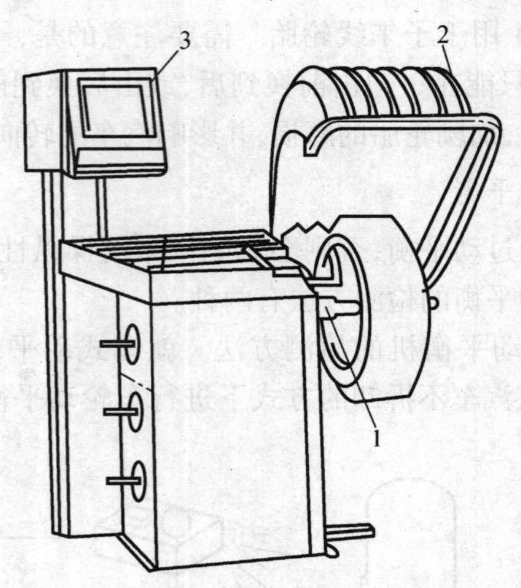

1－转轴　2－车轮护罩　3－显示与控制装置

图3－39　离车式动平衡机

①清洗车轮，将轮胎充气至标准气压。

②将车轮固定在动平衡机上，开动机器，并准备测量。

③读取不平衡量。

④将读取不平衡量按内、外位置，固定在轮辋边缘。

⑤重新检测，直到合格为止。

三、钢板弹簧的维护

1. 钢板弹簧的检查

钢板弹簧出现裂纹、折断，应更换新件。钢板弹簧夹箍及固定支架出现裂纹，应予以更换。弹簧夹箍铆接松动时，应重新铆接。钢板弹簧销衬套磨损超过1mm，应更换新衬套。钢板弹簧U型螺栓丝扣损伤超过2牙或产生裂纹时，应予以更换。

2. 钢板弹簧的紧固

紧固钢板弹簧夹箍螺栓螺母，需要注意，螺栓头部要朝向车架，而螺母要朝向轮胎。汽车每隔 8 000 ~ 10 000 km,在满负荷的情况下,按规定力矩均匀用力,交叉拧紧钢板弹簧 U 型螺栓螺母。

3. 钢板弹簧的更换

钢板弹簧的更换过程为:

(1)拉紧驻车制动器,用三角木将前后轮塞牢,以防车辆滑动。

(2)松下 U 型螺栓的螺母,取下 U 型螺栓。

(3)用千斤顶将车顶起并架好。

(4)拆下钢板销固定螺栓,取出钢板销,即可抬下钢板总成。

(5)将钢板总成用虎钳或专用工具夹紧,拆下钢板卡子上的螺栓,逐渐放松虎钳,使钢板各片分开。

(6)把未断裂、无裂纹和变形的钢板挑选出来,用钢丝刷子刷去泥土锈污。

4. 钢板弹簧的润滑

汽车每行驶4 000 km,用滑脂枪向前后钢板弹簧销端面的滑脂嘴加注润滑脂,至少量新润滑脂被挤出时为止,并在钢板弹簧后端与滑板之间涂一些润滑脂。

汽车每行驶 48 000 km 时,应在每片钢板弹簧的表面涂一层石墨基润滑脂,涂层厚度约为 0. 15 ~ 0. 20mm,紧固后将多余润滑脂清理干净。

四、减振器的检查

检查减振器外部有无漏油,如果有轻微漏油,可以继续使用,严重漏油,应更换。不允许添加减振器油继续使用。

用力按下保险杠,然后松开,如果汽车有 2 ~ 3 次跳跃,则说明减振器工作良好。

汽车在道路条件较差的路面上行驶 10 公里后停车,用手摸减振器外壳,如果不够热,说明减振器已经失效。

当汽车缓慢行驶而紧急制动时,若汽车振动比较剧烈,说明减振器有问题。拆下减振器将其直立，并把下端连接环夹于台钳上，用力拉压减振杆数次，此时应有稳定的阻力。如阻力不稳定或无阻力，可能是减振器内部缺油或阀门零件损坏。固定住减振器，并上下运动活塞杆时应有一定阻力，而且向上比向下的阻力要大一些。如果阻力过大，应检查活塞杆是否弯曲；如果无阻力，则表示减振器油已漏光或失效，必须更换，如图 3－40 所示。

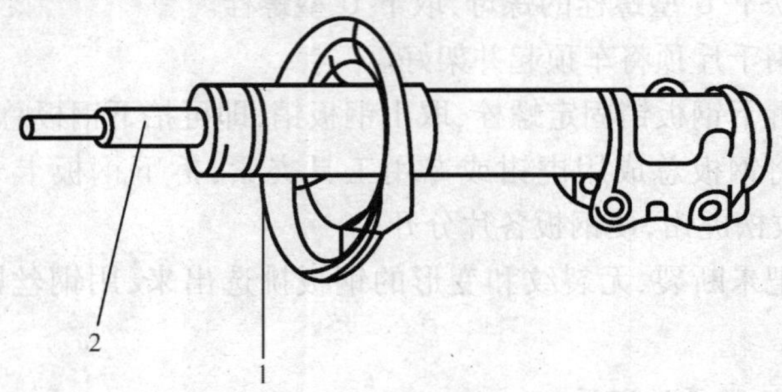

1－减振器　2－活塞杆

图 3－40　减振器的检修

第七节　制动系的维护

制动系的维护作业包括制动踏板自由行程的检查与调整、车轮制动器的检查与调整、驻车制动器的检查与调整和制动液的使用、液压制动系统的排气等。

一、制动踏板自由行程的检查与调整

1. 检查

检查方法与离合器踏板的自由行程的检查方法相同。

若自由行程过大，则制动过迟，容易造成制动不良或制动失效。若自由行程过小，则制动不能彻底解除，容易造成制动拖滞，使制动蹄摩擦片与制动鼓（制动盘）磨损加快。

2. 调整

(1)气压制动系统。气压制动踏板自由行程是指踩下制动踏板后,气压控制阀开始作用时的踏板移动距离。部分国产汽车气压制动踏板自由行程见表 3－2 所示。

表 3－2　常见汽车制动踏板自由行程值　　(mm)

车　　型	制动踏板自由行程	车　　型	制动踏板自由行程
解放 CAA040	1～5	大　发	1～5
北京 BJ1040	8～15	东风 EQ1090E	20～30
济南 JN1150	不大于 25	吉林 JL1010	10.5
夏利 TJ7100	3～7	北京 BJ2021S	6～12

EQ1092 型汽车制动踏板自由行程的调整如图 3－41 所示。

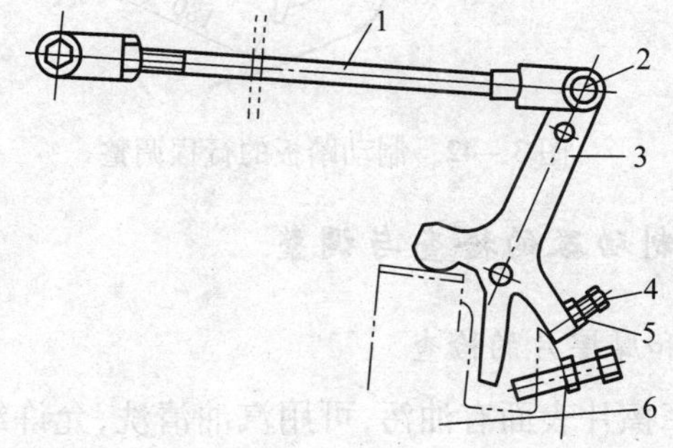

1－制动踏板拉杆　2－连接销　3－制动阀拉臂
4－调整螺钉　5－锁紧螺母　6－制动阀上体

图 3－41　东风 EQ1092 型汽车制动踏板自由行程的调整

拆开制动阀前后腔柱塞座总成,及制动阀拉臂与制动踏板拉杆的连接销。将调整螺钉上的调整螺母拧松,用深度游标尺测量两腔的排气间隙,如不符合规定,则予以调整。旋入调整螺钉,排气间隙减少,制动踏板自由行程减少;反之则增加。调整合适后,拧紧调整螺钉锁紧螺母。

(2)液压制动系统。液压制动踏板自由行程是指踩下制动踏板后,推杆接触到主缸活塞时的踏板移动量。如检查不符合规定,可松开制动主缸真空助力器上推力杆上的螺母。通过旋动叉头来调整推力杆长度,从而改变踏板自由行程,如图 3 -42 所示。

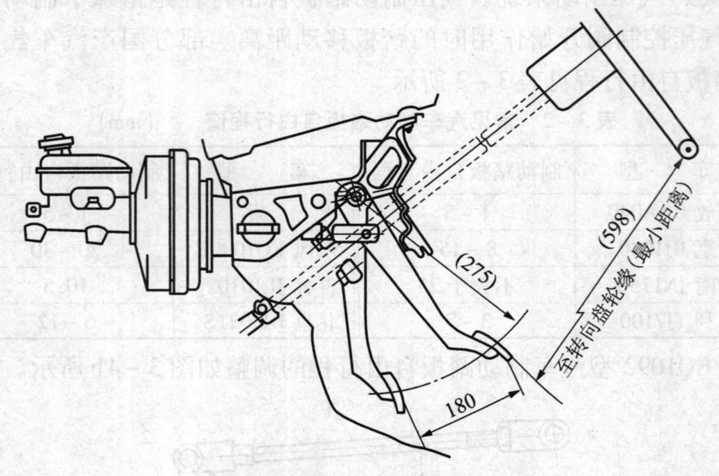

图 3 -42　制动踏板的行程调整

二、车轮制动器的检查与调整

1. 制动蹄和摩擦片的检查

(1)如果摩擦片表面有油污,可用汽油清洗,允许继续使用,但清洗后必须加温烘干,然后用锉刀修磨。

(2)检查制动蹄及其摩擦片应无裂纹。

(3)衬片厚度应大于 6mm,否则应更换。

(4)测量摩擦片铆钉头与摩擦片表面的距离应大于 0. 80mm。

(5)如果制动蹄弯曲或变形较小,可冷压校正。

2. 制动鼓的检查

(1)制动鼓表面应无裂纹,否则应更换。

(2)用百分表检测制动鼓的磨损程度。

(3)检测制动鼓的圆度误差,其检测方法如图 3 -43 所示。制动鼓圆度误差应小于 0. 125mm,否则应检修;在同一轿车上,左、右制动鼓的内径尺寸差应小于1mm。如果制动鼓内径超差时,应更换。

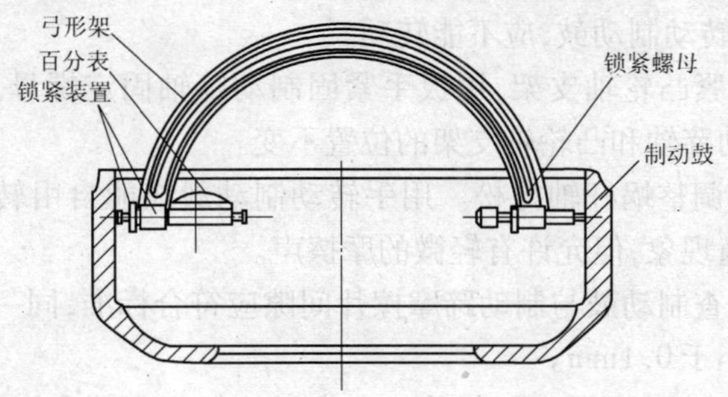

图3-43　检测制动鼓的圆度误差

3. 车轮制动器的局部调整

鼓式制动器的局部调整是在制动摩擦片磨损后进行的调整,其调整方法如下:

(1)支起需要调整的车轮。

(2)取下调整臂的防尘罩。

(3)取下推进锁止套,露出蜗杆轴的六方头。

(4)用扳手转动蜗杆轴。转动制动鼓,插入塞尺相应的规片,在距制动蹄两端20~30mm处测量,制动蹄摩擦片与制动鼓的间隙应达到技术标准。

(5)调好后退出锁止套,套上防尘罩,放好车轮。但应注意局部调整时,切不可转动制动蹄轴。

4. 车轮制动器的全面调整

车轮制动器全面调整是在制动鼓与制动蹄摩擦片严重磨损时,更换摩擦片或制动鼓后进行的。全面调整必须在轮毂轴承调好后进行,其调整方法如下:

(1)支起调整车轮,取下制动鼓上检视孔的盖片。

(2)拧松制动蹄轴的固定螺母和制动凸轮轴支架的固定螺栓、螺母。

(3)转动制动蹄轴,使两个轴端的标记朝内相对。

(4)反复拧转制动蹄轴和蜗杆轴,使制动蹄摩擦片与制动鼓完全贴合,用手转动制动鼓,应不能转动。

(5)拧紧凸轮轴支架,用扳手紧固制动蹄轴固定螺母。紧固时,需保持制动蹄轴和凸轮轴支架的位置不变。

(6)将调整蜗杆轴拧松。用手转动制动毂应能自由转动且与摩擦片无碰撞现象,但允许有轻微的摩擦声。

(7)检查制动鼓与制动蹄摩擦片间隙应符合标准,同一端两制动蹄之差应小于0.1mm。

(8)通入压缩空气后,制动气室推杆的行程应符合标准,否则应重新调整。

(9)装回制动鼓,检视孔盖片。

三、驻车制动器的检查与调整

1. 检查

汽车每行驶 12 000 km 时,应检查驻车制动器的性能。

检查连接机构有无变形、松旷,拉紧驻车制动器,空车平地用二挡应不能起步。汽车停在坡度为 0.2、附着系数为 0.7 的坡路时,当拉动操纵杆听到 7 ~ 9 响时,汽车应停放安全可靠。检查驻车制动器操纵杆的行程,其工作行程应小于全行程的 3/4。放松手制动操纵杆,变速器处于空挡,两后轮能转动自如,无发卡现象。

2. 调整

松开驻车制动器,用力踏制动踏板一次,将驻车制动拉杆拉紧 2 齿,拧紧调整螺母,直到用手不能拨动两个被制动的后轮为止,放松驻车制动,观察两个后轮是否都能运转自如。

四、制动液的使用与液压制动系统的排气

1. 制动液液面的检查与添加

检查制动液贮液室的液面高度,应在上限(MAX)和下限(MIN)

之间,如不符合规定,应及时添加。

2. 制动液的更换

更换制动液时,应选用与原牌号相同的制动液,如换用与原牌号不同的制动液,则应对整个系统进行清洗。

3. 液压制动系统的排气

当空气进入液压系统之后,将使制动发软。为此,必须在每个轮缸处排出液压系统内的空气。常用的有两种方法。

(1)压力法。压力排气法的过程为:

①将放气系统连接在贮油罐上。此系统是以一定的压力,将制动液充到制动系中,使空气排出,最后贮油罐的液面高度必须达到最大标记处。

②在轮缸放气螺塞上接一软管,放入容器。

③根据各轮缸放气顺序进行放气。

(2)人工法。人工排气过程中,必须不断加注制动液,随时检查贮油罐内的液面高度,如图 3-44 所示。

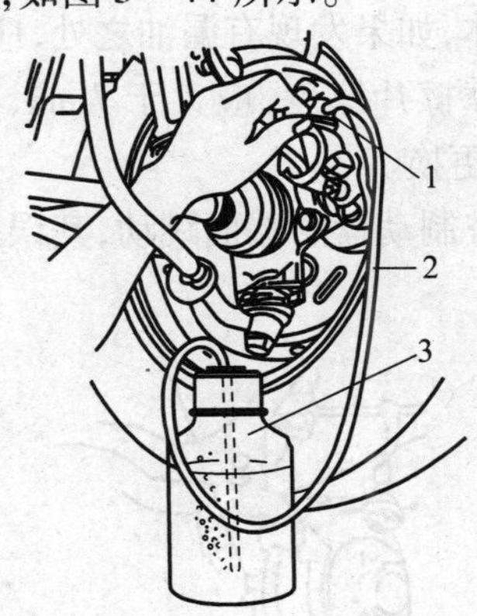

1-放气螺钉　2-放气管　3-透明容器(装 1/2 制动液)

图 3-44　制动系统放气

人工排气法的过程为:

①在贮油罐中加足制动液。但应注意:由于各厂家制动液的化

学成分不同,所以不能混合使用。

②旋出轮缸的放气螺钉,用一根皮管装在放气螺塞上。

③由两人协同进行:一人在驾驶室内,踩下和放松制动踏板数次,直至踩不下去为止,并用力踩住踏板;另一人在车下把轮缸放气螺塞旋松,空气随制动液一起排出。

④当制动踏板下降到底后,立即拧紧放气螺塞,然后再抬起踏板。

⑤各轮缸的排气顺序应为:右后轮—左后轮—右前轮—左前轮,一般由最远的一个轮缸先进行排气。

⑥如此反复数次,直至放出制动液中无气泡为止。

⑦空气排出后,贮油罐液面距加油口高度应为 15 ~20mm。

五、盘式车轮制动器的维护

1. 制动盘的检查

(1)制动盘表面不能有拉伤,否则应进行修复。

(2)检查制动盘的磨损极限厚度,应为 8mm,否则应更换。

(3)检查制动钳体,如果发现有漏油之处,应更换。

(4)检查制动蹄摩擦片厚度,应大于 7mm,否则应更换。但要注意:左、右轮必须成套更换。

(5)用百分表检查制动盘的端面跳动,其误差应小于 0. 06mm,如图 3 –45 所示。

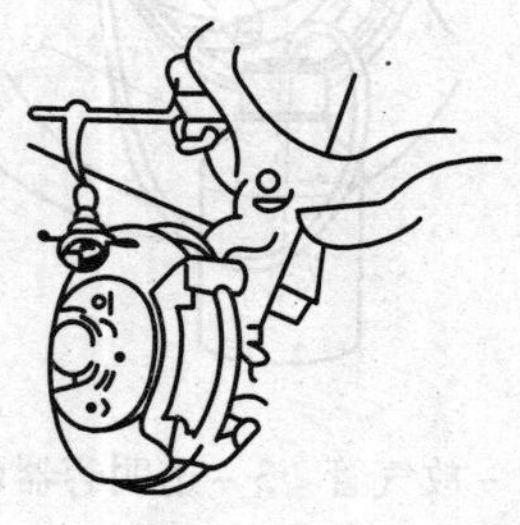

图 3 –45　测量制动盘端面圆跳动量

2. 制动主缸及制动管路的检查

检查制动主缸有无渗漏或损坏。检查制动软管是否磨损、有孔。检查制动管路有无扭曲、凹瘪，若有则予以更换。制动拉杆连接部位的连接件穿销应齐全有效、不松动，各支架的螺栓、螺母应紧固可靠、不松动，否则应补齐并紧固。

3. 真空助力器的检查

将发动机熄火，然后用力踩制动踏板若干次，以消除真空助力器内留有的空气。用适中的力踩下制动踏板，并保持在一定的位置，然后启动发动机。若真空助力器工作正常，则制动踏板的位置应有所下降，否则应检查管路。若真空助力器损坏，则应予以更换。

4. 真空助力器的更换

更换真空助力器时，应将制动总泵与支架一起从车身上拆下，这样比较方便。各螺母的拧紧力矩为15N · m。

第四章　汽车电气设备的维护

在汽车的使用过程中，电气设备的故障约占汽车全部故障的20% ~30%。因此，为了保证汽车正常运行，就必须对电气设备进行维护。电气设备的维护作业范围包括：电源系、启动系和点火系。

第一节　电源系的组成与维护

一、电源系的组成

汽车电源系主要由蓄电池、发电机和调节器组成，如图 4 – 1 所示。汽车装备有蓄电池和发电机两个直流电源，其中，发电机是主要电源；蓄电池是辅助电源。调节器是一种电压调节装置，其作用是在发电机转速变化时，自动调节发电机的输出电压，并使其保持稳定。

电源系的维护作业包括蓄电池的维护和发电机的维护。

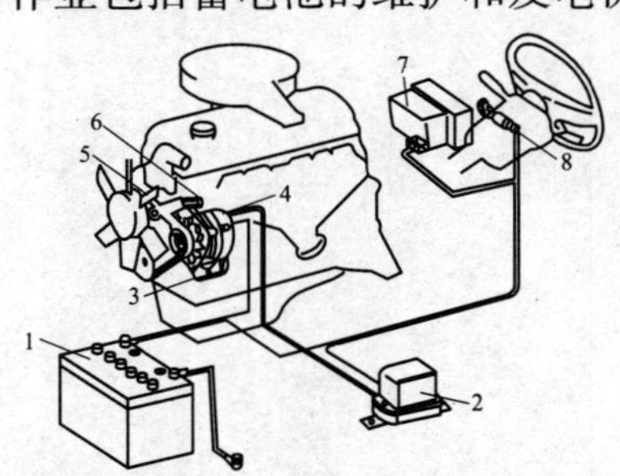

1 – 蓄电池　2 – 调节器　3 – 支架　4 – 发电机　5 – V 带

6 – 调整撑杆　7 – 充电指示器　8 – 点火开关

图 4 – 1　电源系组成

二、蓄电池的维护

1. 蓄电池的拆卸

从汽车上拆卸蓄电池时,应按照如下步骤进行:

(1)将点火开关置于“断开(OFF)”位置。

(2)拆下蓄电池固定夹板的固定螺栓,取下固定夹板。

(3)将蓄电池正负极柱上的电缆接头固定螺母拧松,取下电缆。注意应先拆下负极电缆,后拆下正极电缆。因为如果拆下正极电缆,那么,当扳手万一搭铁时,就会导致蓄电池短路放电。

(4)从汽车上取下蓄电池。

(5)检查蓄电池壳体上是否有裂纹和电解液渗漏痕迹,若有应予以更换蓄电池。

2. 蓄电池的安装

将蓄电池安装到汽车上时,应按照如下步骤进行:

(1)检查蓄电池型号规格是否适合该型汽车使用。

(2)检查电解液密度和液面高度是否符合技术要求,否则应予以调整。

(3)根据正负极柱和正负电缆的相对位置,将蓄电池安装在固定架上。

(4)将正负电缆端子分别与正负极柱连接。注意应先连接正极电缆,后连接负极电缆。因为如果先连接负极电缆,那么,当扳手万一搭铁时,就会导致蓄电池短路放电。

(5)在正负极及电缆端子上涂抹一层润滑脂,以防止氧化和腐蚀。

(6)安装固定夹板,拧紧固定夹板螺栓。

3. 蓄电池的检查

(1)蓄电池的外部检查。用水(最好是热水)将蓄电池外部冲洗干净。如蓄电池顶部有电解液溢出,应用5%的苏打水冲洗。

检查加液口螺塞和螺孔的螺纹应完好，密封垫不得老化破损，通气孔要保持畅通。如果通气孔通气不畅，蓄电池内部化学反应产生的气体就可能将壳体胀裂。

检查导线接头与接柱，将其上的污垢和氧化物擦净，使之连接牢固，并涂抹一层润滑脂，以防止氧化和腐蚀。

(2)蓄电池技术状况的检查。

①检查电解液液面高度。如图 4－2 所示，用两头通孔的玻璃管，从加液孔插入蓄电池，至下端接触极板底部。用手指堵死玻璃管上孔，抽出玻璃管，玻璃管内液面高度及蓄电池电解液高出极板高度，该高度应为 10～15mm。当液面过低时，应补充蒸馏水。除确知液面降低是由电解液溅出所致外，不允许补充硫酸溶液。这是因为电解液液面正常降低是由于电解液中蒸馏水电解和蒸发所致。

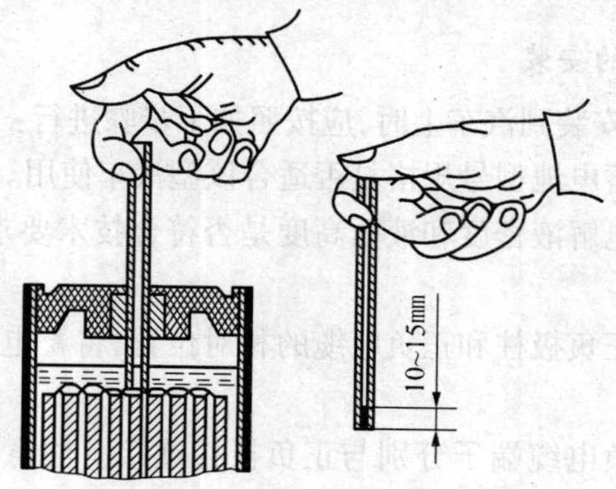

图 4－2　蓄电池电解液液面高度检查

②检查电解液的密度。用吸式密度计检测电解液密度的方法如图 4－3 所示，先将拇指适当压下橡皮囊，再将密度计的橡皮吸管插入电解液中，然后慢慢放松拇指，使电解液吸入玻璃管中，吸入玻璃管中电解液的多少以使浮子浮起为准，此时，液面与浮子相交的刻度即为电解液的密度值。

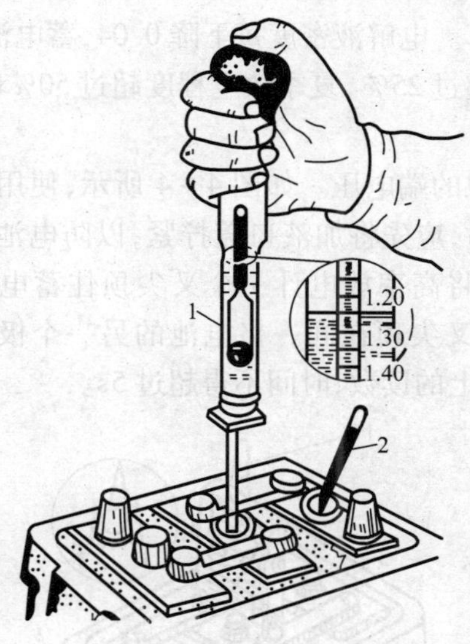

1－密度计　2－温度计

图4－3　测量电解液的密度

因为密度大小与温度密切相关，所以在测量电解密度时，必须同时测量电解液的温度，并按温度每上升、下降15℃，电解液相对密度相应上升、下降0.01进行修正。蓄电池电解液正常的密度值如表4－1所示。

表4－1　不同地区和季节时电解液的密度

气候条件	充足电解电池在15℃的电解液密度	
	冬　季	夏　季
冬季温度低于零下40℃的地区	1.31	1.27
冬季温度在零下40℃以上的地区	1.29	1.25
冬季温度在零下30℃以上的地区	1.28	1.25
冬季温度在零下20℃以上的地区	1.27	1.25
冬季温度在0℃以上的地区	1.24	1.24

③检查蓄电池的放电程度。蓄电池的放电程度可以通过检测电

解液密度进行换算。电解液密度每下降0.04,蓄电池放电约为25%。当冬季放电程度超过25%,夏季放电程度超过50%时,应对蓄电池进行补充充电。

④检查蓄电池的端电压。如图4-4所示,使用高率放电计检测蓄电池的端电压时,应先将加液口盖拧紧,以防电池内部的气体接触火花而爆炸,然后将高率放电计一个叉尖顶住蓄电池某单格的一个极柱上,将另一个叉尖顶在同一格电池的另一个极柱上。待指针稳定后,观察电压表上的读数,时间不得超过5s。

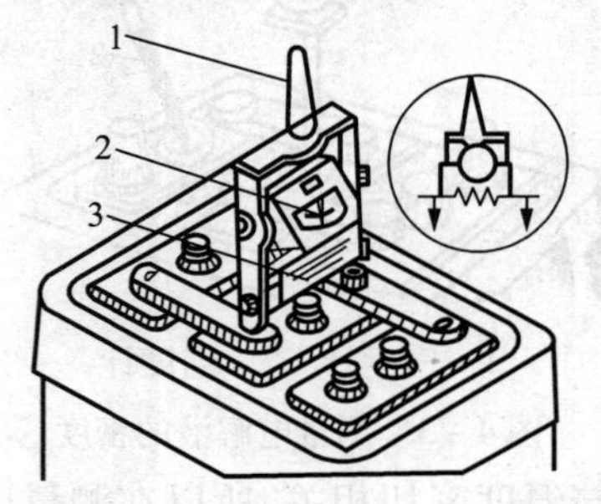

1-高率放电计手柄 2-电压表 3-分流电阻

图4-4 用高率放电计检查蓄电池端电压

如果某单格电池电压低于1.5V,电压表指针能在5s内保持稳定,说明该格电池放电过多,需要补充充电。如果某单格电池电压在5s内迅速下降,说明该格电池有故障。如果测的每单格电池电压值之差超过0.1V,也说明该格电池有故障。某单格电池电压在1.5V上,电压表指针在5s内保持稳定,说明该格电池的技术状态良好。

4. 蓄电池的充电

(1)补充充电应采用恒流充电,即在充电过程中,充电电流恒定不变。为保证蓄电池的容量,恒流充电应分为两个阶段进行。在充电第一阶段,充电电流约为额定容量数值的1/10,每隔2~3h测量记录一次单格电压。当单格电池电压充到2.4V左右,电解液中开始产生气泡时,将充电电流减少一半转入第二阶段恒流充电,直到蓄电池完全充足电为止。蓄电池充电已足的特点是电解液中出现大量均匀细密的气泡,单格电压稳定在2.5~2.7V,并且在2~3h内,电解液相对密度和端电压都不再继续上升。

充电结束30min后,测量电解液的密度如不符合规定,则应进行调整。如果密度偏小,可加入适量密度为1.40的硫酸;反之,应补充蒸馏水进行调整。调整后的密度是否符合规定,要待充电2h后再复查一次。各单格电池之间密度之差不得超过0.01。密度调好后应作记录,以备使用参考。

(2)过充电。为防止蓄电池硫化,每隔3个月应进行一次预防硫化过充电。过充电的方法是:将蓄电池按补充充电的电流充足电后中断1h,再用补充充电电流的一半进行充电至电解液“沸腾”。如此重复几次,直到刚接通充电电路,蓄电池电解液立即沸腾为止。

三、发电机的结构与维护

1.发电机的结构

交流发电机的基本结构都是由定子、转子、整流器和端盖四部分组成的。整体式发电机在基本结构的基础上,增加了电压调节器,而且都采用的是集成电路调节器。整体式交流发电机的零部件组成如图4-5所示。

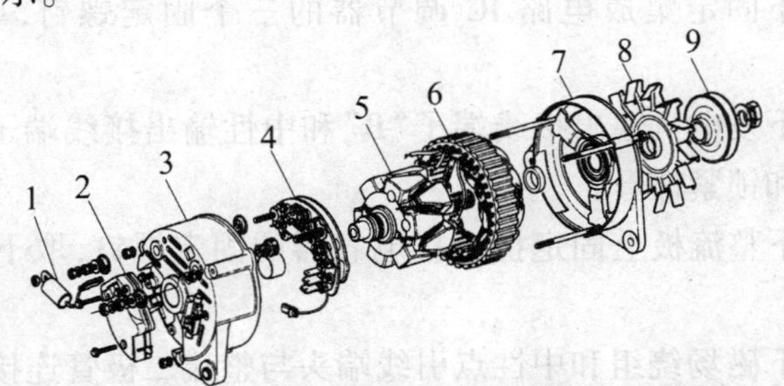

1-抗干扰电容器　2-集成电路调节器与电刷组件总成
3-电刷端盖　4-整流器总成　5-转子总成
6-定子总成　7-驱动端盖　8-风扇　9-驱动带轮

图4-5　整体式交流发电机零部件组成

2. 发电机的拆卸和分解

(1)发电机的拆卸。从车上拆卸交流发电机的步骤如下:

①将电源开关旋至 OFF 位置,使全车断电。

②用扳手旋松火线、中性线、磁场线和搭铁线紧固螺母。对各线位置作出标记,取下各线头。

③拧松交流发电机的调整支架,并取下驱动带。

④拧下交流发电机固定支架上的紧固螺栓,取下交流发电机总成。

(2)发电机的分解(以东风系列车辆用 JFW2621 型 26V25A 整体式无刷交流发电机为例)。

①清洁交流发电机外部尘土,并用干净的纱布蘸少许汽油将发动机外部油污擦拭干净。

②拆下后端盖上固定通风板的四个螺钉,取下带孔的通风板。

③拆下连接前后端盖的四个穿通螺栓。

④先用橡皮锤轻击前后端盖,使其与定子铁心之间的连接松脱,然后将一字形起子插入前端盖与定子铁心之间,撬动定子铁心,将定子铁心与前端盖一同取下。如后端盖轴承过紧,可用拉器进行拆卸,但必须将定子铁心与后端盖一同拆下。

⑤拆下固定集成电路 IC 调节器的三个固定螺钉,取下 IC 调节器。

⑥拆下发电机输出接线端子“B”和中性输出接线端子“N”上的固定螺钉和锁紧螺母。

⑦拆下整流板上固定抗干扰电容器的固定螺钉,取下抗干扰电容器。

⑧拆下磁场绕组和中性点引线端头与整流二极管连接的四个固定小螺母,使定子总成与整流器总成分离。

3. 转子总成的检查

(1)磁场绕组的检查。

①磁场绕组短路和断路故障的检查。如图4－6所示，先将万用表指针拨到R×1欧姆挡，然后将万用表的两只表笔分别连接两只集电环。根据万用表指示阻值，即可判断有无故障。如果阻值接近标准数值，说明磁场绕组良好。如阻值为无穷大，说明磁场绕组断路。如阻值远小于标准数值，说明磁场绕组短路。

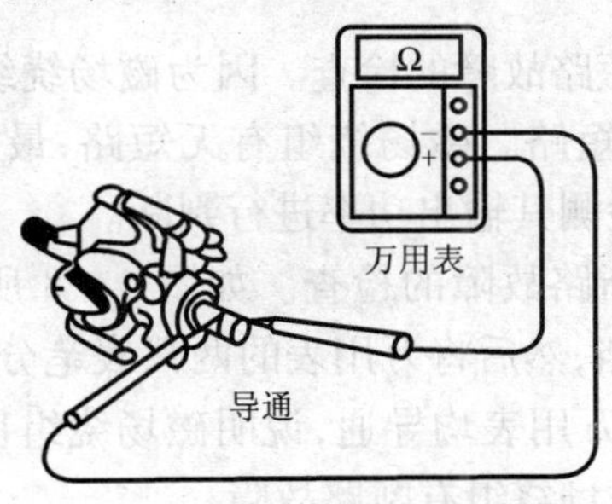

图4－6 励磁绕组断路、短路的检查

②磁场绕组搭铁故障的检查。如图4－7所示，先将万用表指针拨到R×10k欧姆挡，然后，将万用表的一只表笔连接任意一只集电环，另一只表笔触及转子轴。如万用表不导通（即阻值为无穷大），说明绕组与铁心绝缘良好；如万用表导通（即阻值不为无穷大），说明绕组或集电环搭铁。

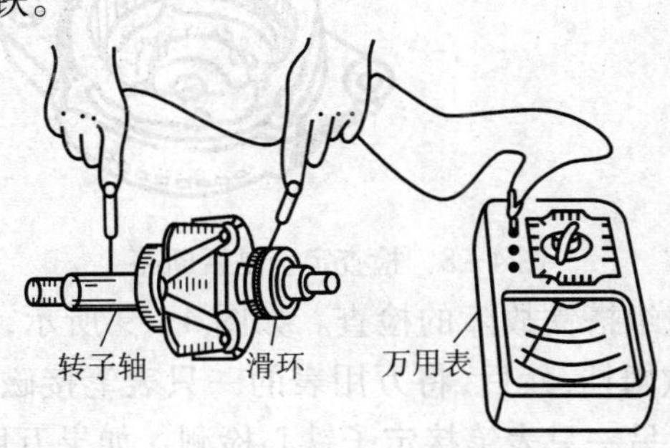

图4－7 励磁绕组搭铁的检查

（2）集电环的检查。检查集电环表面应光滑平整，无烧蚀痕迹。如果集电环表面有轻微烧蚀，可以用“00”号砂纸打磨。如果集电环表面有严重烧蚀、刮伤或失圆，超过0.03mm，则必须在车床上精车修复。用游标卡尺测量滑环厚度，应不小于2mm。

4. 定子总成的检查

(1)检查定子表面不得有刮痕，导线表面不得有碰伤，绝缘漆剥落现象。

(2)磁场绕组短路故障的检查。因为磁场绕组的电阻很小，测量电阻难以检测有无短路。磁场绕组有无短路，最好在发电机分解之前，通过台架试验检测其输出功率进行判断。

(3)磁场绕组断路故障的检查。如图4－8所示，先将万用表指针拨到R×1欧姆挡，然后将万用表的两只表笔分别连接两个引出端子进行检测。如果万用表均导通，说明磁场绕组良好；如果万用表有一次不导通，说明磁场绕组有断路故障。

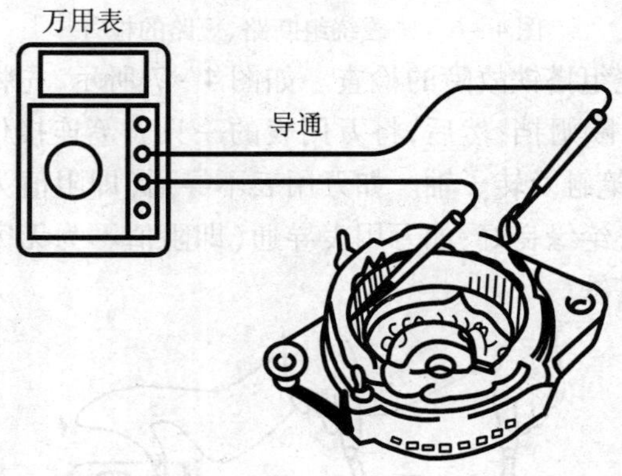

图4－8　检查定子是否断路

(4)磁场绕组搭铁故障的检查。如图4－9所示，先将万用表指针拨到R×1欧姆挡，然后，将万用表的一只表笔接磁场绕组的任意一个引出端子，另一只表笔接定子铁心检测。如果万用表导通，说明磁场绕组搭铁，需要更换定子总成。如果万用表不导通，说明磁场绕组良好。

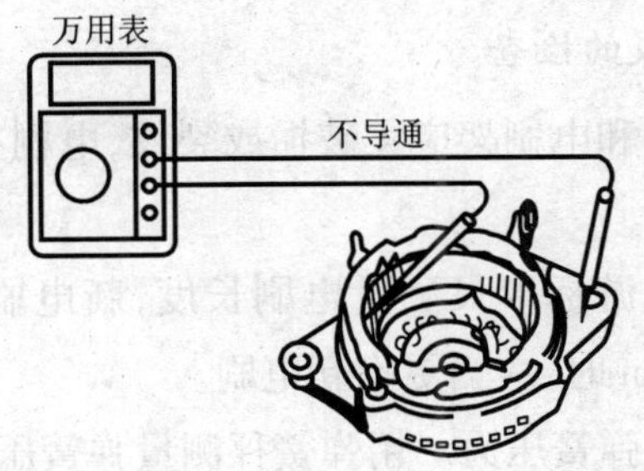

图 4－9　检查定子是否搭铁

5. 二极管的检查

如图 4－10 所示，检查二极管时，先将万用表的两只表笔分别接在被测二极管的两极上检测一次，然后交换两只表笔的位置再检测一次。如果两次测得的阻值为一大一小，说明该二极管良好。如果两次检测的阻值都为无穷大，则说明该二极管断路，如果两次检测阻值都为零，则说明被测二极管短路。

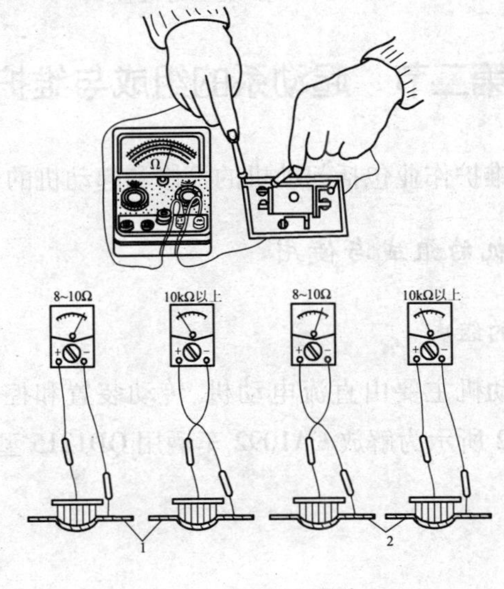

1－上片　2－下片

图 4－10　二极管检查

6. 电刷架总成的检查

(1)检查电刷和电刷架应无破损或裂纹,电刷在电刷架内应活动自如,无卡滞现象。

(2)用钢尺或游标卡尺测量电刷长度,新电刷一般为 14 mm 左右,磨损至 7 ~8mm 时,应当更换新电刷。

(3)检查电刷弹簧压力。用弹簧秤测量弹簧压力方法如图 4 - 11 所示。如果弹簧正常,压力值应为 1.5 ~2.0N。

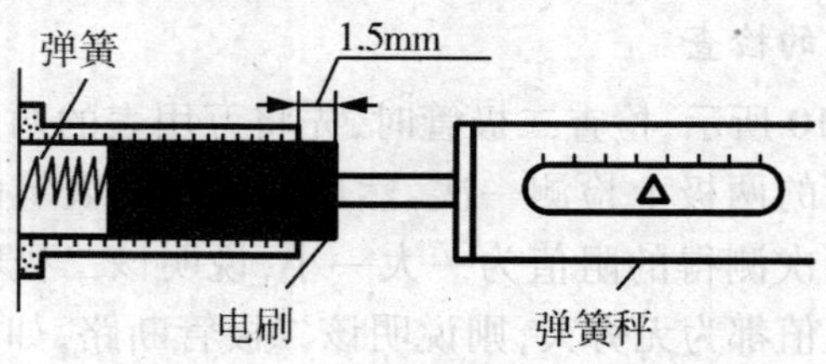

图 4 - 11　弹簧压力检查

第二节　起动系的组成与维护

起动系的维护作业包括起动机的检修和起动机的调整与实验。

一、起动机的组成与使用

1. 起动机的组成

电磁式起动机主要由直流电动机、传动装置和控制装置三部分组成。图 4 - 12 所示为解放 CA1092 车辆用 QD1215 型起动机零部件的组成。

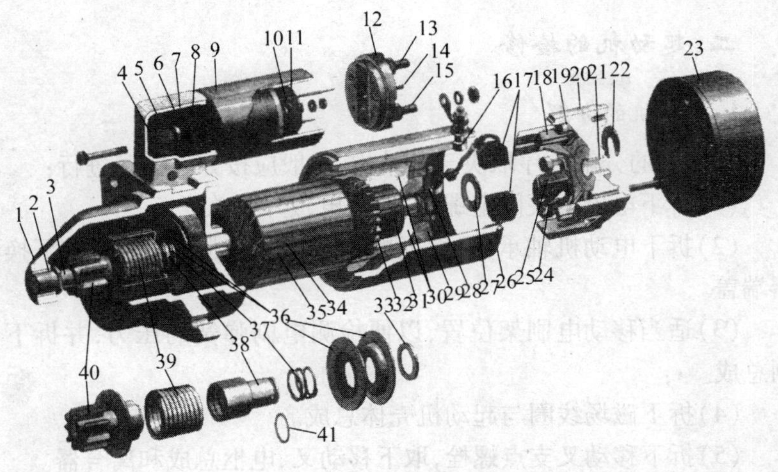

1－驱动端盖　2、21－铜轴套　3－电枢轴　4－铁心　5－移动叉　6－卡环　7、33－挡圈　8－复位弹簧　9－电磁开关壳体　10－弹簧　11－触盘　12－接线座　13－电源端子“30”(连接蓄电池)　14－接线端子“50”　15－磁场线圈端子“C”　16－磁场线圈引线连接端子　17－负电刷　18－负电刷架　19－电刷弹簧　20－换向器端盖　22－锁片　23－防尘盖　24－正电刷架　25－正电刷　26－密封橡胶圈　27－承推垫圈　28－磁场线圈连接片　29－磁场线圈　30－磁极　31－换向器　32－电动机壳体　34－电枢线圈　35－电枢铁心　36－滑环　37－弹簧　38－离合器驱动座圈　39－驱动弹簧　40－驱动齿轮　41－卡环

图 4－12　QD1215 型起动机结构

2. 起动机的使用注意事项

(1)每次接通起动机的时间不得超过 5s,连续两次接通起动机的时间应间隔 15s 以上。

(2)接通起动机时,如果检查发现蓄电池电压低于 9.6V,应及时补充充电或更换电池。

(3)汽车每行驶 6 000～7 500 km,应检查起动机工作是否正常,有无异常噪声。每行驶 12 000～15 000 km,应检查起动机外观、导线连接与紧固情况,并检测起动电流与起动电压。

二、起动机的检修

1. 起动机的分解

起动机的分解顺序取决于其结构，一般应按如下顺序进行：

(1)拆下电磁开关固定螺钉，取下电磁开关总成。

(2)拆下电动机轴承盖、穿通螺栓和电刷架固定螺钉，取下换向器端盖。

(3)适当移动电刷架位置，以便检测电刷弹簧的压力，并拆下电刷总成。

(4)拆下磁场线圈与起动机壳体总成。

(5)拆下移动叉支点螺栓，取下移动叉、电枢总成和离合器。

(6)拆下电枢轴上的限位卡环，将电枢总成与离合器分离。

2. 起动机的检修

(1)电枢绕组的检查。

①电枢绕组断路故障的检查。如图 4－13 所示，将转子放在检验仪铁心的 V 型槽中，将检验仪的两试笔分别连接换向器两个相对称的换向片。移动试笔至微安表指示某一数值时，固定试笔的位置，并慢慢地转动转子。转动一周后，如果每两个对称的换向片与试笔相连接时，微安表的读数都相同，则说明电枢绕组没有发生断路故障。如果微安表没有读数，则说明这两个换向片相通的线圈发生断路。

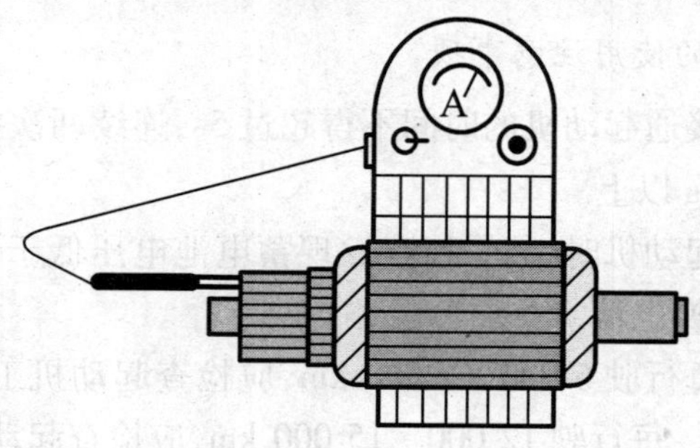

图 4－13　电枢感应仪检查电枢绕组断路故障

②电枢绕组短路故障的检查。如图 4－14 所示，将需要检查的电枢放在检验仪上，接通电源开关，将薄钢片放在电枢绕组外部铁心的槽上，慢慢地转动转子，使钢片越过所有槽顶。如果发现钢片在某个槽上有震动，而且发出蜂鸣声，说明该槽内的线圈发生了短路。如果没有发生以上现象，说明该电枢绕组没有短路故障。

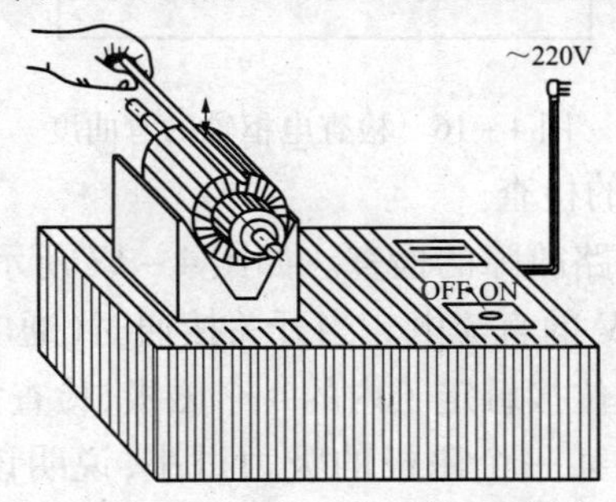

图 4－14　检查电枢绕组短路

③电枢绕组搭铁故障的检查。如图 4－15 所示，将万用表指针拨到 R×10k 欧姆挡，然后将两只表笔分别连接电枢铁心与换向片。正常情况下，万用表应不导通，否则，说明电枢绕组搭铁，需要更换电枢总成。

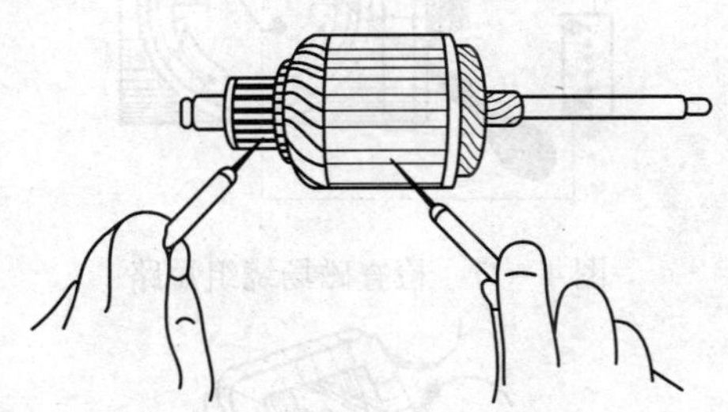

图 4－15　电枢绕组搭铁的检查

（2）电枢轴弯曲度的检查。起动机的电枢轴如果发生弯曲，电枢旋转时就会与磁极发生摩擦现象，影响起动机的工作。检查电枢轴的弯曲度时，应当使用百分表，如图 4－16 所示。如果弯曲度大于 0.15mm，应予以校直或更换电枢总成。

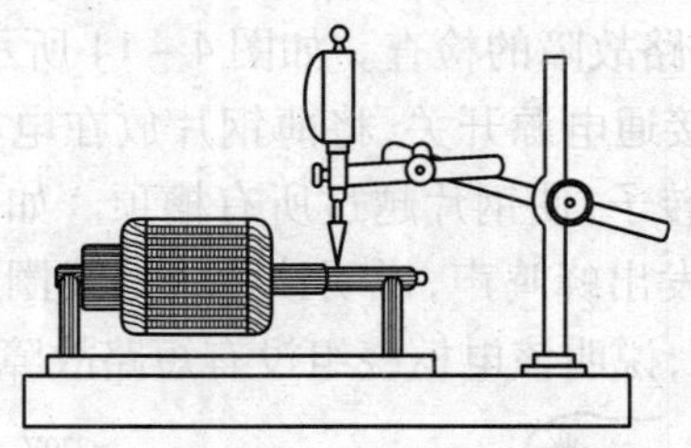

图 4－16　检查电枢轴的弯曲度

(3)磁场绕组的检查。

①磁场绕组短路故障的检查。如图 4－17 所示,在磁场绕组的两个电刷之间通上 2V 的直流电。当开关接通时(通电时间不超过 5s),用螺丝刀的金属部位接触定子内的 4 个磁极,检查每个磁极的电磁吸力是否相同。如果某一个磁极的吸力过小,说明该磁极上的绕组已经短路。也可以用电枢检查仪检查磁场绕组的短路故障。如图4－18 所示,将磁场绕组放于检测仪上,通电 3min,如果磁场绕组发热,说明存在短路。如果磁场绕组不发热,说明磁场绕组正常。

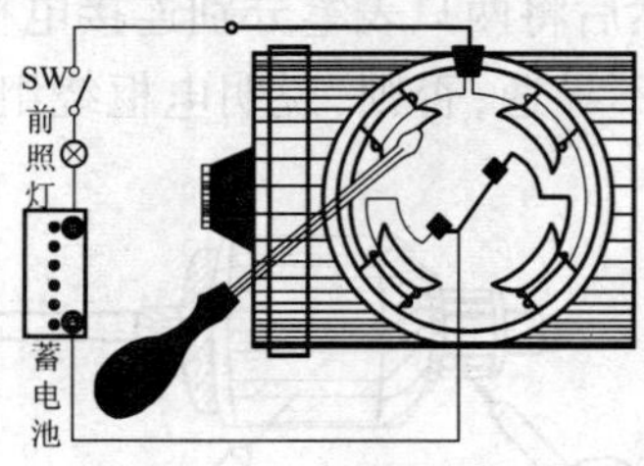

图 4－17　检查磁场绕组短路

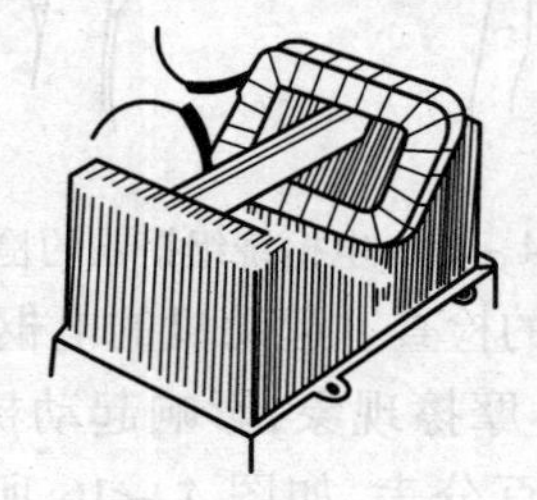

图 4－18　用检查仪检查

②磁场绕组断路故障的检查。如图 4－19 所示，先将万用表指针拨到 R×1 欧姆挡，然后将万用表的两只表笔分别连接两个引出端子进行检测。如果万用表均导通，说明磁场绕组良好。如果万用表有一次不导通，说明磁场绕组有断路故障。

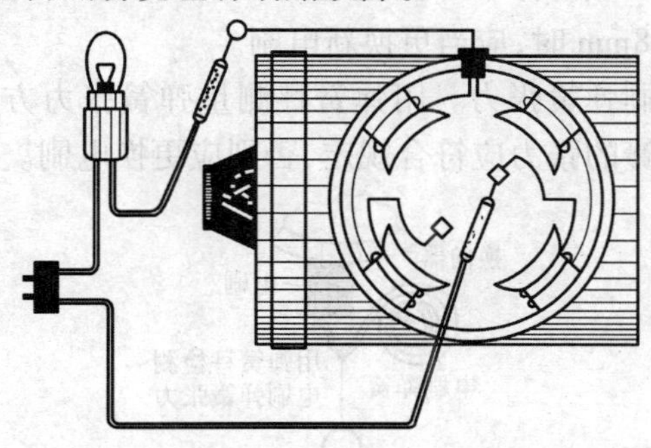

图 4－19　检查磁场绕组短路

③磁场绕组搭铁故障的检查。如图 4－20 所示，先将万用表指针拨到 R×1 欧姆挡，然后，将万用表的一只表笔接磁场绕组的任意一个引出端子，另一只表笔接定子铁心检测。如果万用表导通，说明磁场绕组搭铁，需要更换定子总成。如果万用表不导通，说明磁场绕组良好。

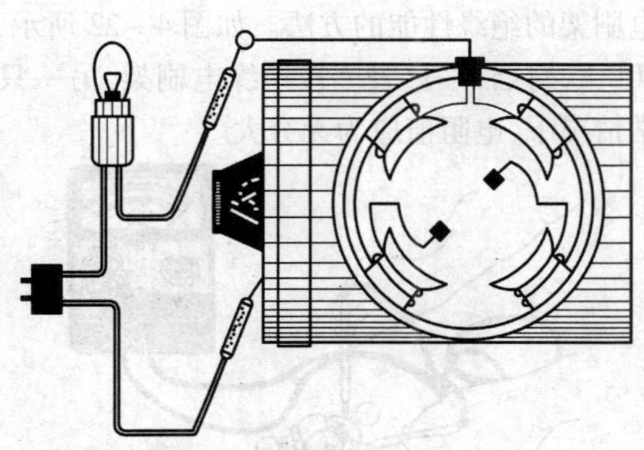

图 4－20　检查磁场绕组搭铁

(4) 电刷及电刷架的检查。

①检查电刷和电刷架应无破损或裂纹，电刷在电刷架内应活动

自如,无卡滞现象。

②检查电刷与换向器工作面的接触面积应大于 75%,否则,需要进行研磨。

③用钢板尺或游标卡尺测量电刷长度,新电刷一般为 14 mm 左右,磨损至 7 ~ 8mm 时,应当更换新电刷。

④检查电刷弹簧张力。用弹簧秤测量弹簧张力方法如图 4 - 21 所示。电刷弹簧的张力应符合规定,否则应更换电刷。

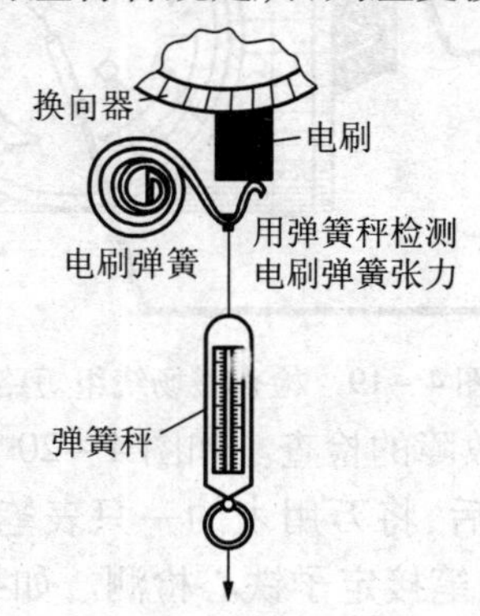

图 4 - 21　电刷弹簧的检查

⑤检查电刷架的绝缘性能的方法。如图 4 - 22 所示,将万用表指针拨到 R × 10k 欧姆挡,一只表笔接绝缘电刷架,另一只表笔接搭铁电刷架。正常情况下,电阻值应为无穷大。

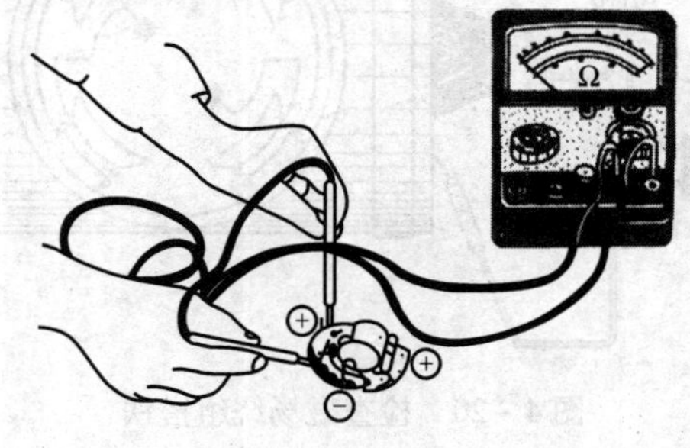

图 4 - 22　电刷绝缘电表检查法

(5)单向离合器的检查。检查单向离合器的方法如图 4－23 所示,用一只手捏住离合器的壳体,用另一只手转动驱动齿轮,当沿一个方向转动驱动齿轮能被锁止时,沿另一个方向应能转动自如。

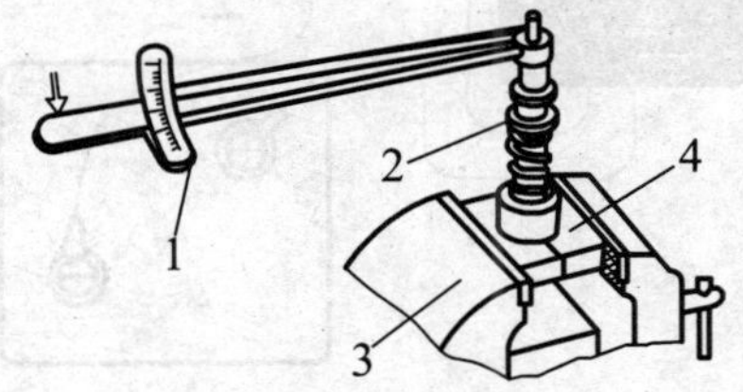

1－扭力扳手　2－单向离合器　3－台虎钳　4－夹板

图 4－23　单向离合器的检查

(6)电磁开关的检查。

①弹簧复位功能的检查。如图 4－24 所示,用手将挂钩及活动铁心压入电磁开关,然后放松,活动铁心应能快速复位。否则,应更换复位弹簧或电磁开关总成。

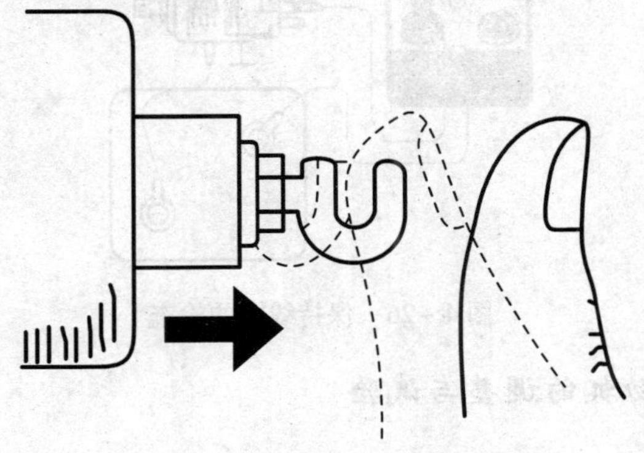

图 4－24　检查弹簧复位功能

②吸引线圈的检查。检查吸引线圈时,将万用表指针拨到 R×1 欧姆挡,两只表笔分别连接电磁开关“50”端子和“C”端子,阻值应为 0.5Ω 左右。如阻值为无穷大,说明线圈断路;如阻值过小,说明线圈短路,如图 4－25 所示。

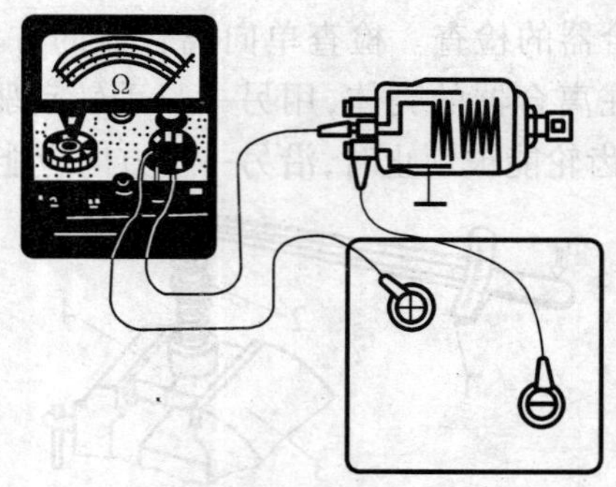

图 4－25　吸引线圈的检查

③保持线圈的检查。如图 4－26 所示，检查保持线圈时，将万用表指针拨到 R×1 欧姆挡，两只表笔分别连接电磁开关“50”端子和开关外壳，阻值应为 1Ω 左右。如阻值为无穷大，说明线圈断路；如阻值过小，说明线圈短路。

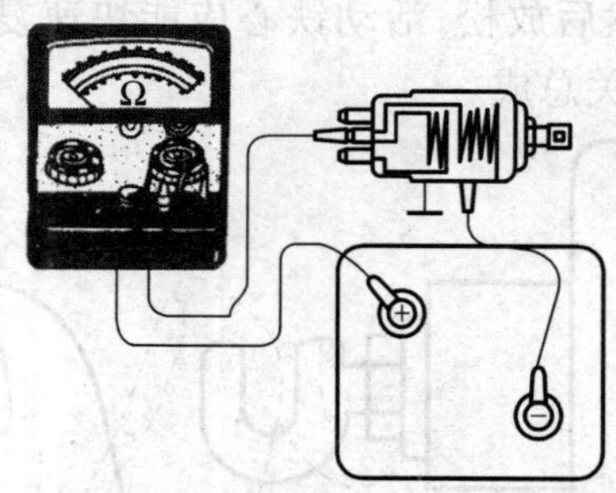

图 4－26　保持线圈的检查

三、起动机的调整与试验

1. 调整

（1）电枢轴向间隙的调整。如图 4－27 所示，电枢轴向间隙 C 应为 0.1～1.0mm，间隙不当时，可改变轴前端或后端垫圈的厚度进行调整。

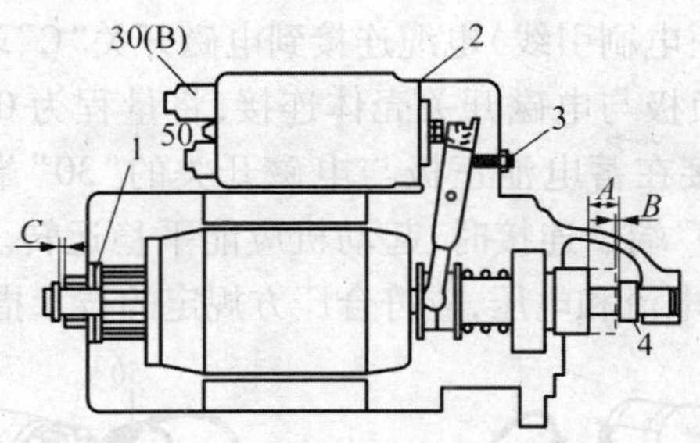

1－止推垫片　2－调整垫片

3－止动螺钉　4－挡圈

图4－27　常见起动机调整部位

(2)驱动齿轮与止推环之间的间隙调整。如图4－28所示，在起动机的电磁开关未接通时，驱动齿轮与止推垫圈间应有4～5mm间隙，当电磁开关接通，间隙应为1.5～2.5mm。

如果间隙不合适，可通过调整电磁开关活动铁心与拨叉的连接螺杆进行调整。向里拧则间隙变小，反之，则间隙增大。

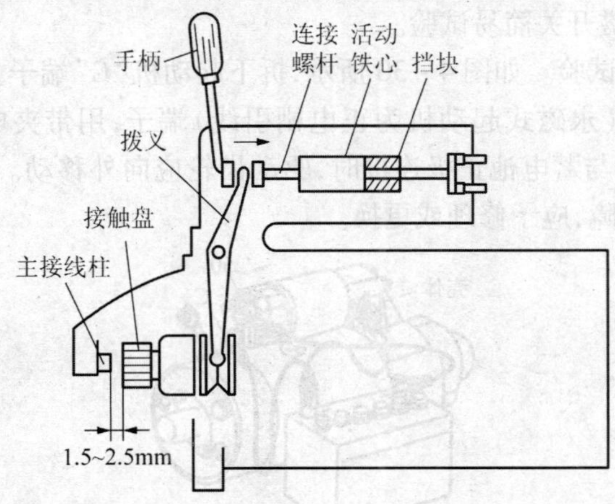

图4－28　驱动齿轮与止推环的调整

2. 试验

(1)空转性能简易试验。如图4－29所示，将磁场绕组引线(永磁式起动机为正电刷引线)电缆连接到电磁开关“C”端子上。用带夹电缆将蓄电池负极与电磁开关壳体连接,将量程为 0 ~ 100A 以上的直流电流表连接在蓄电池正极与电磁开关的“30”端子之间。当将“50”端子和“30”端子连接时,起动机应能平稳运转。测量起动机的输出轴的转速、电流和电压,应符合厂方规定的技术指标。

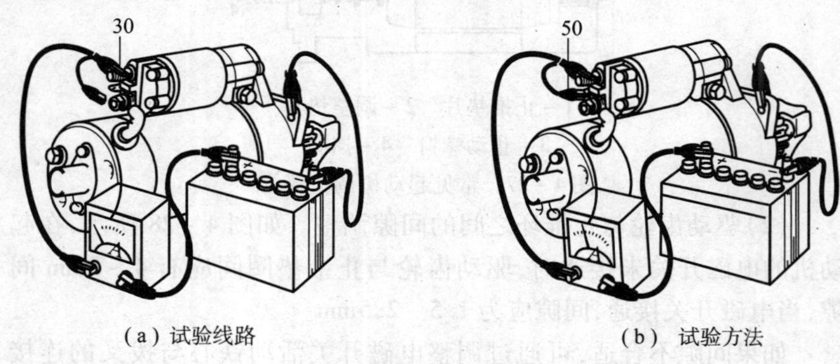

(a) 试验线路　(b) 试验方法

图 4 - 29　起动机简易空载试验线路与方法

(2)电磁开关简易试验。

①吸引试验。如图 4 - 30 所示,拆下起动机“C”端子上的磁场绕组电缆引线(永磁式起动机为正电刷引线)端子,用带夹电缆将起动机“50”端子与蓄电池正极连接时,驱动齿轮应向外移动。否则,说明电磁开关故障,应予修理或更换。

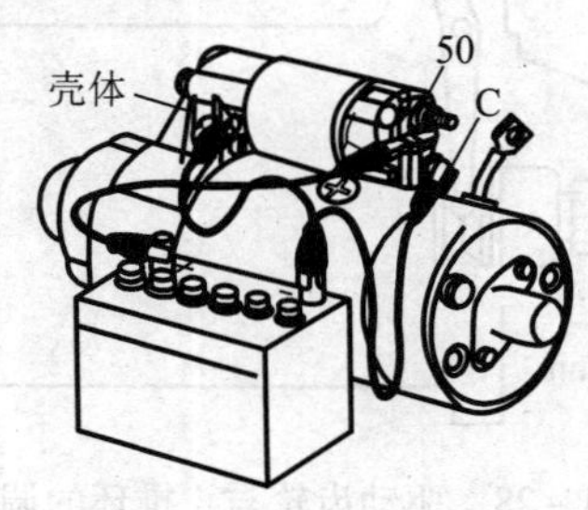

图 4 - 30　吸引动作试验方法

②保持试验。在上述吸引试验正常的情况下,拆下电磁开关“C”端子上的电缆夹,如图 4 - 31 所示。若驱动齿轮能保持在伸出位置不

动，说明电磁开关保持线圈性能正常。

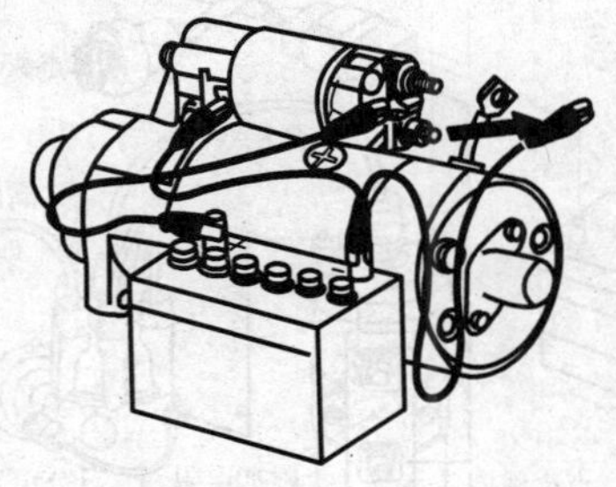

图 4－31　保持动作试验方法

③复位试验。在保持动作试验的基础上，拆下起动机壳体上的电缆夹，如图 4－32 所示，驱动齿轮在拉出位置应能自动进入原始位置。否则，说明复位弹簧失效，应更换弹簧或电磁开关总成。

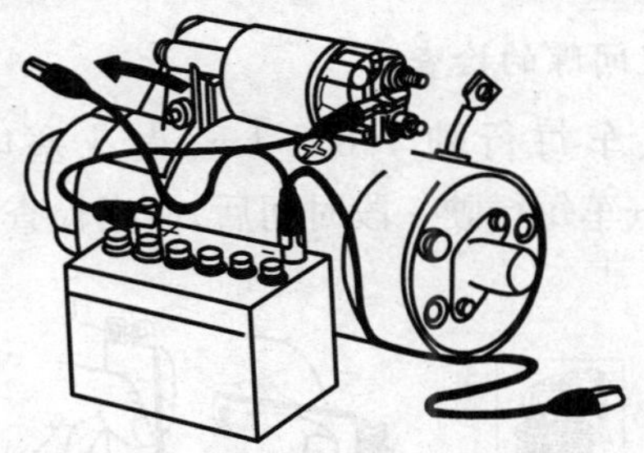

图 4－32　复位动作试验方法

第三节　汽车传统点火系的组成与维护

汽车传统点火系维护作业包括火花塞的维护、点火线圈的检查、分电器的检修和点火正时的检查与调整。

一、汽车传统点火系的组成

汽车传统点火系主要由电源、点火线圈、分电器、火花塞以及点火开关等组成，如图 4－33 所示。

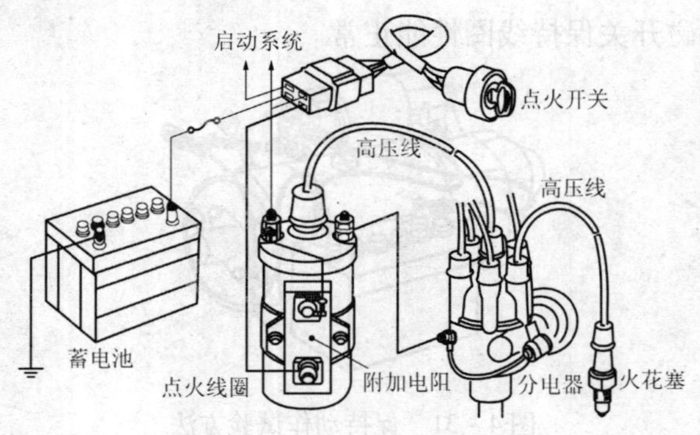

图 4－33　传统点火系统的组成

二、火花塞的检查维护

1. 火花塞电极间隙的检查

实践证明，汽车每行驶 1 600 km，火花塞电极的烧蚀约为 0.025 mm，因此，汽车每行驶一段时间后，应当检查调整电极间隙，如图 4－34 所示。

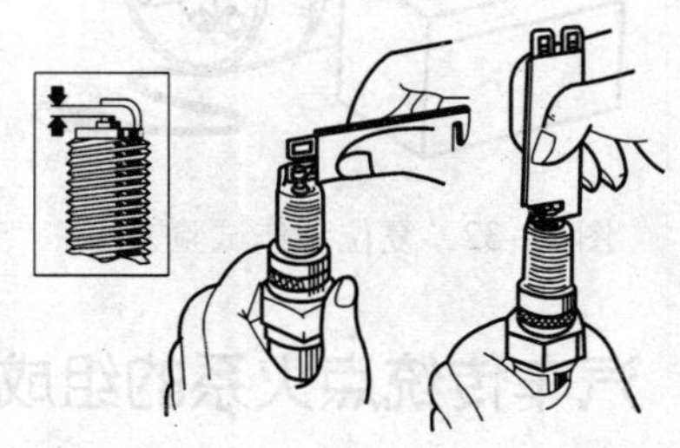

图 4－34　火花塞间隙的调整

电极间隙的检查应当使用火花塞专用量规进行测量。如果间隙不符合要求，可以通过弯曲旁电极进行调整。

2. 火花塞技术状态的检查

在使用过程中，火花塞可能出现各种各样的故障现象。

当火花塞出现绝缘体破碎、电极熔化、电极烧蚀或过热现象时，应当更换火花塞，并检查调整点火正时。当火花塞出现严重的油污、结垢或积炭时，则应更换火花塞。当出现轻微的炭迹、油污、结垢或积炭时，可以在清除后继续使用。清除时，先用汽油或酒精浸泡，然后用毛刷进行清洗。

3. 火花塞性能的检查

如图 4－35 所示，将火花塞放在搭铁处，从分电器盖中央插孔内拔出高压电线，对准火花塞尾部约 6mm，打开点火开关，拨动触点或转动发动机曲轴，观察火花塞电极间的跳火情况。如果火花强烈，说明火花塞性能良好。如果无火或火弱，说明火花塞有故障，应予以更换。

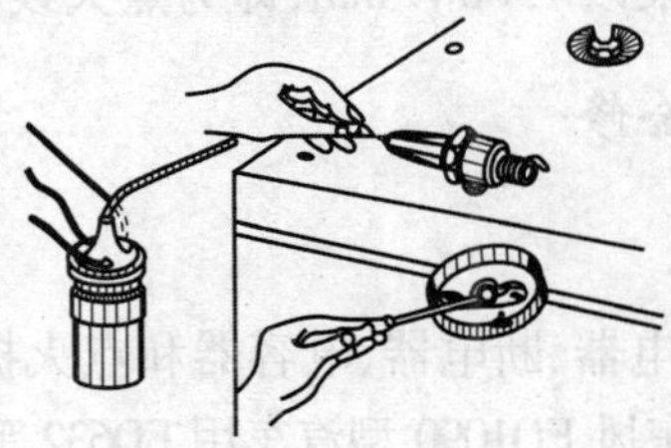

图 4－35　火花塞的性能检查

三、点火线圈的检查

1. 点火线圈电阻的检查

如图 4－36 所示，拆去点火线圈的连接导线，用万用表测量点火线圈的一次绕组和二次绕组的电阻值，应符合规定要求。

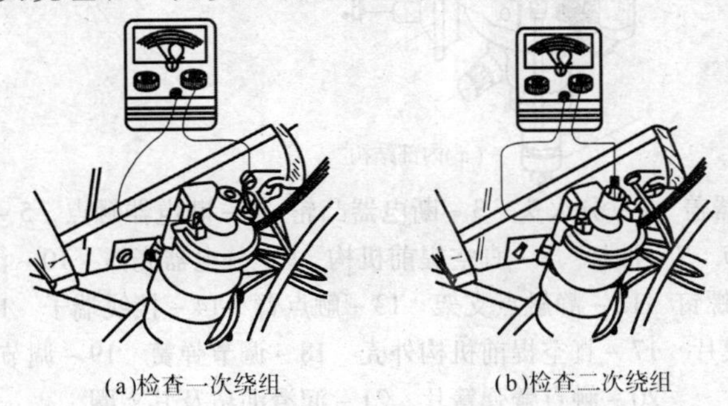

(a)检查一次绕组　　(b)检查二次绕组

图 4－36　点火线圈电阻的检查

2. 点火线圈绝缘性能的检查

将点火线圈的引出线串接灯泡后，接电源的一极，将电源的另一极接点火线圈的外壳，如果灯亮，说明点火线圈接地，应予以更换新件。

3. 点火线圈次级电压的检查

在汽车电器万能试验台上，将点火线圈与标准断电器连接。起动并将标准断电器转速提高到1500r/min，然后调整三针放电装置的接铁极，使跳火间隙逐渐增大，直到维持连续跳火的最大间隙为止。此时，测得的间隙值乘以1500V/mm，即为点火线圈的次级电压。

四、分电器的检修

1. 分电器的组成

分电器主要由配电器、断电器、电容器和点火提前角调节装置等组成。图4－37所示为东风EQ1090型汽车用FD632型分电器的结构。

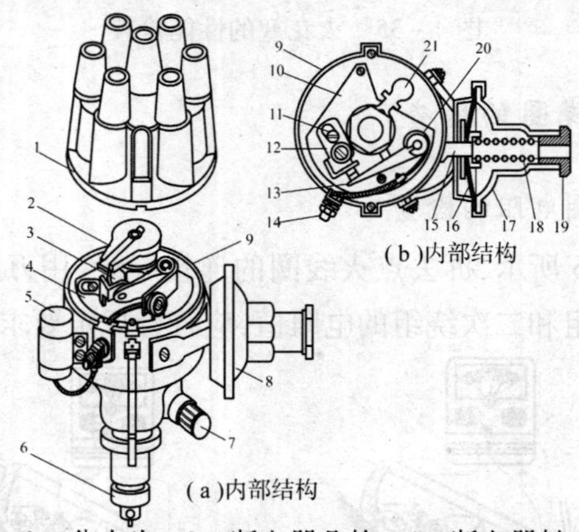

(a)内部结构　(b)内部结构

1－分电器盖　2－分火头　3－断电器凸轮　4－断电器触点　5－电容器　6－联轴节　7－油杯　8－真空提前机构　9－分电器壳体　10－活动底板　11－偏心螺钉　12－静触点支架　13－触点臂　14－接线端子　15－拉杆　16－膜片　17－真空提前机构外壳　18－调节弹簧　19－调节螺母　20－触点臂弹簧片　21－润滑油毡及其夹圈

图4－37　FD632型分电器的结构

2. 分电器的检修

(1)分电器盖检查。

①外观检查。如图 4－38 所示,检查分电器盖是否有裂纹和碳径等外部损伤,如有应予以更换。

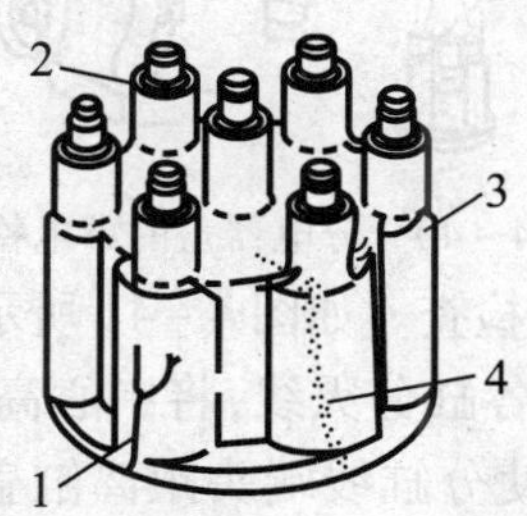

1－裂纹　2－裂台　3－分电器盖　4－碳径

图 4－38　分电器盖的表面检查

②内部检查。如图 4－39 所示,检查分电器壳内的电刷是否过短,弹簧是否折断。

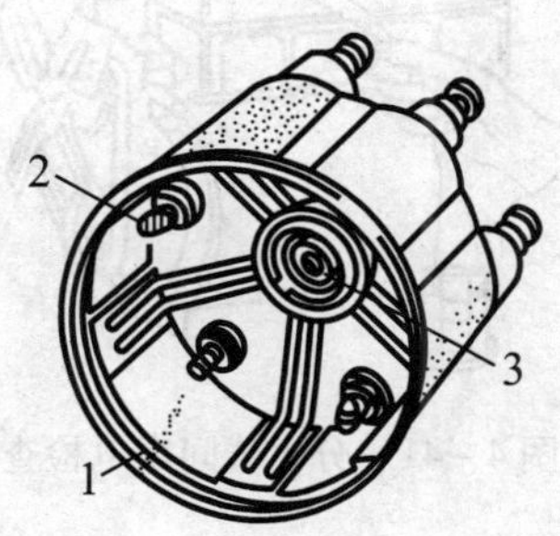

1－碳径　2－碳化或受腐蚀的插头　3－碳柱破损或损坏

图 4－39　分电器盖的内部检查

③总火线与分火线窜电检查。如图 4－40 所示,将分电器盖拆下并悬空,拔下连接火花塞的各缸分火线,并使其端头距离缸盖 6mm,接通点火开关,转动发动机曲轴。正常情况下,应不出现跳火现象。如果某根分火线跳火,说明该缸的分接柱与中心接柱窜电。

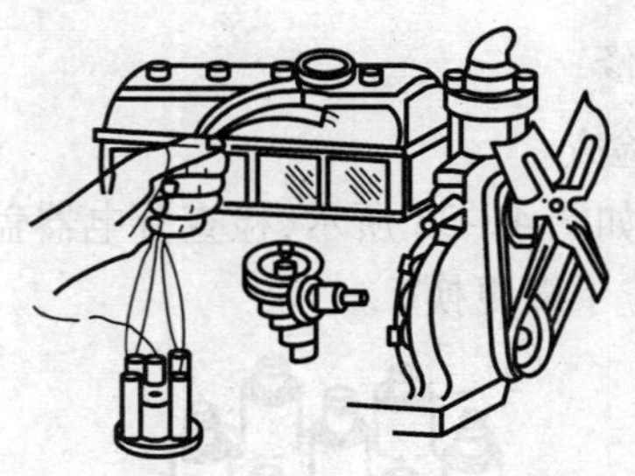

图 4－40　分电器盖的窜电检查

④分火线间的窜电检查。如图 4－41 所示，将分电器盖拆下并悬空，拔下连接火花塞的各缸分火线，将中心高压线插入分缸孔中，分缸线插入相邻孔中，并使分缸线端头距离缸盖 6mm，接通点火开关，转动发动机曲轴。正常情况下，应不出现跳火现象。如果某根分火线跳火，说明相邻缸窜电。

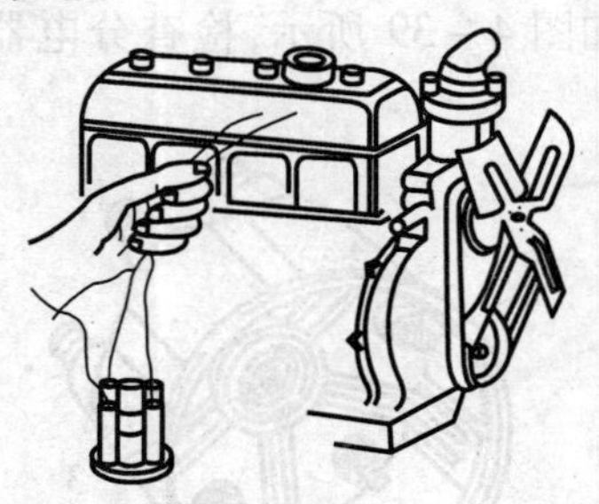

图 4－41　分火线间窜电检查

(2)分火头检查。

①外观检查。检查分火头表面不应有裂纹，金属导电片不应有烧蚀、脏污现象。如果烧蚀比较轻微，可以用细砂纸打磨，如果烧蚀严重或有裂纹，则应予以更换新件。

②高压电检查。如图 4－42 所示，将分火头平放在缸盖上，并使导电铜片与缸盖接触，从分火器盖中央插孔内拔出总火线头，并使总火线对准分火头孔底，距离约为 5 ~7mm，打开点火开关，转动发动机曲轴，观察有无火花出现。如果分火头绝缘性能良好，应无火花出现。如果出现强烈火花，说明分火头绝缘被击穿，应予以更换新件。

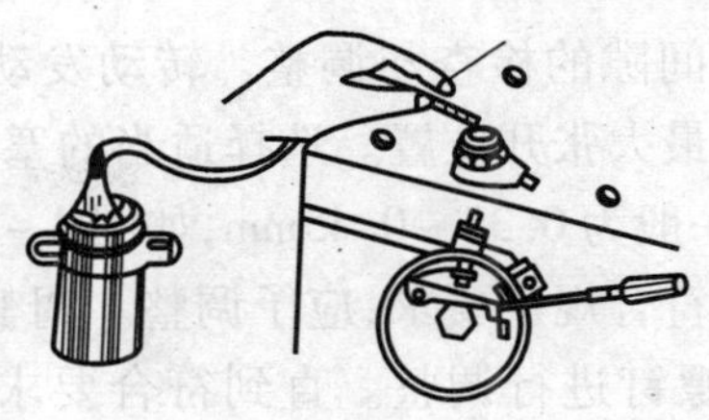

图 4－42　分火头的高压电检查法

(3)分电器断电触点的检查。

①分电器断电触点烧蚀情况的检查。如图 4－43 所示,检查分电器两触点的同轴度误差应不大于 0.2mm,接触面积应不小于 85%。检查触点表面如有油污或白点,可用砂纸打磨,如有凸起或凹坑,可在油石上磨平。经过修磨后,单片合金的厚度不得小于 0.5mm,否则,应更换新件。

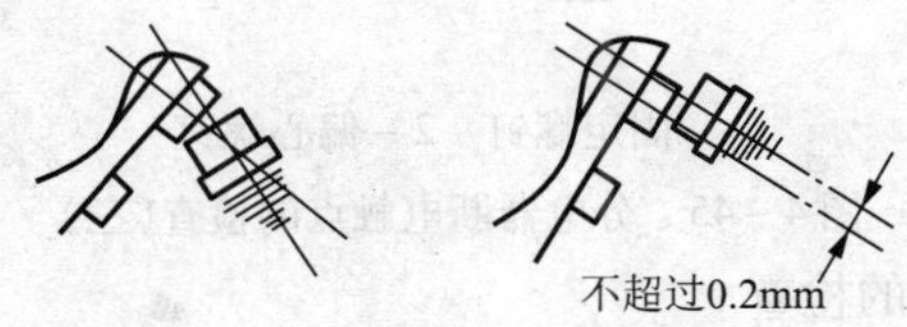

图 4－43　分电器断电触点的检查(一)

②分电器触点弹簧压力的检查。如图 4－44 所示,在触点闭合的状态下,用弹簧秤钩住活动触点臂并拉动弹簧秤环。触点刚一张开的瞬间,弹簧秤的读数即为压力的大小。正常值应为 3.92～6.86N,如果压力过小,应更换新件。

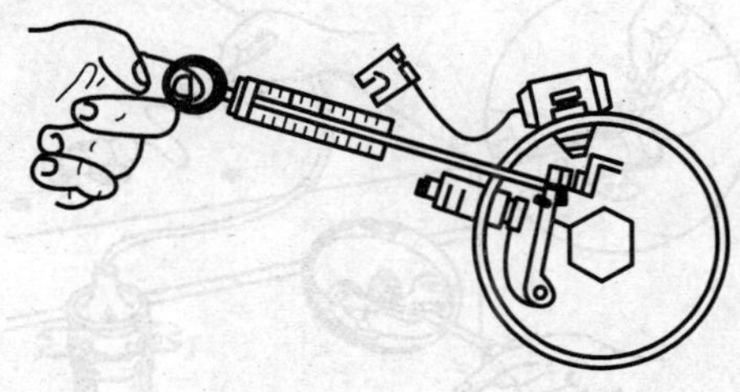

图 4－44　分电器断电触点的检查(二)

③分电器触点间隙的检查与调整。转动发动机曲轴，通过分电器凸轮使触点处于最大张开位置。选择适当的塞尺尺片插入触点间隙当中测量间隙，一般为0.35～0.45mm，如图4－45所示。

如触点间隙不符合规定要求，应予调整。调整时，先旋松紧固螺钉，然后转动调整螺钉进行调整。直到符合要求后，将固定螺钉锁紧。为了保证间隙调整准确，固定螺钉拧紧后，应再复查一次。

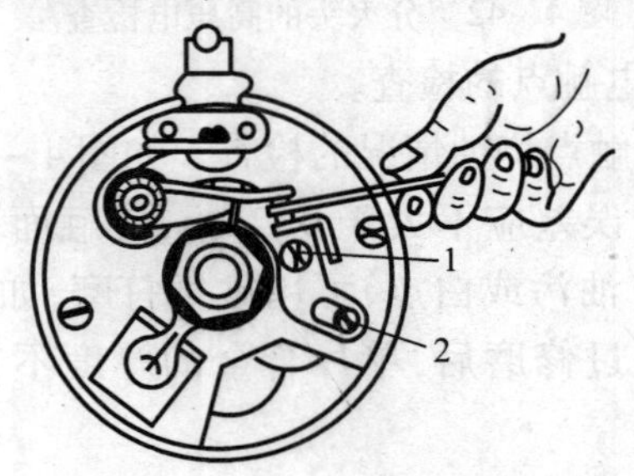

1－固定螺钉　2－偏心螺钉

图4－45　分电器断电触点的检查（三）

（4）电容器的检查。

①高压跳火法。如图4－46所示，先将电容器放在搭铁处，然后打开点火开关，转动发动机曲轴，使中央高压线距离电容器中心引线5mm左右，对其充电4～5次，使电容器中心引线与其外壳相碰。如果电容器良好，应该有强烈的火花。否则，说明电容器已经损坏，应予以更换。

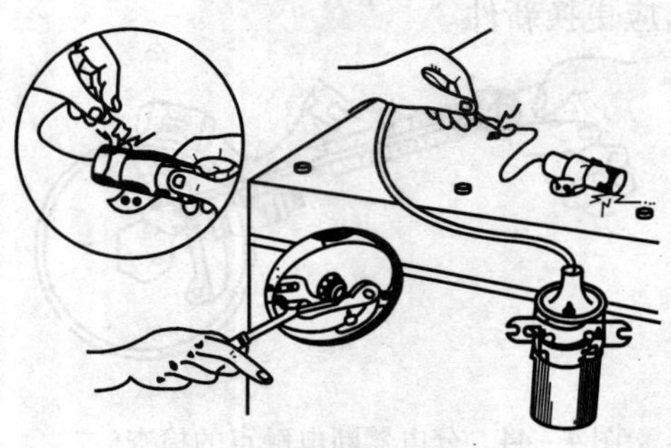

图4－46　高压跳火法

②比较检查法。检查时,先将电容器连接到分电器上,取下分电器盖,使点火线圈的中央高压线端头距气缸体7mm,接通点火开关,拨动断电器触点,观察高压火花跳火情况,然后将电容器拆下重新试火。在两次试验中,如果火花强度相差很大,说明电容器良好。如果两次试火的高压火花完全一样或相差不多,说明电容器损坏。

(5)分电器调节装置的检查。

①真空调节装置的检查。检查真空调节装置的密封性时,通过用嘴吸进行检查。此时,膜片应能带动真空调节装置拉杆移动。否则,说明真空调节装置有故障,应予以更换。

②离心调节装置的检查。检查离心块应能转动自如,不应有卡滞现象。检查离心块的销钉与轴孔的配合情况,不能过于松旷。检查离心块弹簧的张力情况,用手指顺时针方向转动分火头至极限位置后松开,正常情况下,分火头应能自动回到原位。

五、点火正时的检查与调整

1. 点火正时的检查

首先,将第一缸火花塞拆下,然后用手指或棉纱团堵住第一缸火花塞安装孔,当手指感到有压力或棉纱团被冲出时,缓慢转动曲轴,使正时记号与规定的记号对准。在正时标记对齐后,先沿分电器轴工作时的旋转方向转动分电器壳体,使断电器触点闭合,再沿相反方向转动壳体,到触点刚刚断开时,即为第一缸点火时刻。按发动机点火顺序插好各缸高压线。启动发动机并达到规定的工作温度。在发动机怠速运转时,将加速踏板迅速地踩到底,如转速迅速升高,说明点火正时恰当;如转速不能迅速升高,感到发闷或排气管放炮,说明点火过迟;如果听到发动机内有金属敲击声,说明点火过早。

2. 点火正时的调整

不同车型调整的方法略有不同,下面以解放CA1091型汽车点火正时的调整为例,说明调整方法。

①摇转曲轴,使第一缸火花塞位于压缩行程的上止点,并使正时标记对正。

②装配分电器联轴节,务必使其端面上的槽位于水平位置,且偏心的大面在下,小面在上。

③安装分电器,并使断电器触点处于刚刚断开状态。紧固分电器,盖上分电器盖,分火头应指向分电器盖上第一缸旁插孔位置,即应指向分电器盖上标有“1”标记的旁插孔。

④以第一缸(即分火头所指的插孔)为基准,将各缸高压线沿顺时针方向以1-5-3-6-2-4的点火顺序插好。

⑤启动发动机,在发动机怠速运转时,将加速踏板迅速地踩到底,发动机不得出现轻微爆震。如发现点火过早或过迟,应转动分电器壳体进行调整。逆时针转动时,点火提前角增大,顺时针转动时,点火提前角减小。

⑥紧固好分电器压板螺栓。

第五章　汽车简单故障诊断与排除

第一节　汽车故障诊断方法

汽车故障诊断是指在不解体(或仅拆卸个别部件)的条件下,查明故障原因及部位的检查过程。诊断的基本方法有:直观诊断法和仪器检测法。

一、直观诊断法

直观诊断法就是靠维修人员的观察、感觉,应用简单的工具,将个别症状放大或暂时消除的方法来诊断和处理,此方法使用相当普遍。直观诊断法有问、看、听、嗅、摸和试等六种方法。

1. 问

问就是在诊断故障前,应先向车主和驾驶员询问有关情况,其中包括汽车型号、使用年限、修理情况、使用情况、发生故障的部位和现象,以及发生故障后做了哪些检查和修理,尽可能深入的了解故障。情况不明,便盲目诊断,往往影响排除故障的速度。因此有的个别故障属于汽车使用过程中的必然现象,而有的故障则是由于对汽车的使用维护不当所造成的。

通过深入的询问,基本上可以了解到故障所发生的部位。例如,可以询问到故障发生在发动机还是变速器;如果是发动机还能进一步了解到是电气故障还是机械故障;如果是机械故障还能了解到是曲柄连杆机构还是配气机构等,再进一步做出诊断。故障确定后,排除与维修就容易了。

2. 看

看就是通过观察汽车外表反映出来的现象,再结合其他情况,来判断汽车的故障。例如,对发动机排气管冒蓝色烟雾的故障,可以通过冒蓝烟的现象来判断,如在使用过程中长期冒蓝烟,发动机使用里程又很长,一般可以判断为汽缸或活塞环磨损,致使配合间隙过大,于是机油盘中的机油通过活塞环与缸壁之间的间隙窜入燃烧室引起的;如果只是在发动机刚一发动时冒出一股蓝烟,以后冒蓝烟又逐渐变得比较轻微,一般可以判断为发动机气门杆上的挡油罩老化或内孔磨损使挡油功能失效,而有少量机油沿着气门杆漏入汽缸引起的。有经验者可以准确判断,经验不足者还应进一步观察。

在观察的过程中,还要用经验和理论,做出周密的思考和推证,不能简单草率,不能为表面现象所迷惑。有些现象对于有经验者也不是一下子就能看清楚的,那么就要多看几次,仔细的观察,才能由表及里,把故障现象看透。

3. 听

听就是通过耳朵来判断发动机运转状况,从而进一步判断发生故障的部位。当汽车运行时,发动机以不同的工况运转,汽车和发动机这个整体发出一种嘈杂的但又是有规律的声音。当某一个部位发生故障时就会出现异常响声,有经验者可以根据发出的异常响声,立即判断汽车故障。例如发动机曲轴和连杆机构响、主传动器响、传动轴响,都可以轻易地判断出来。对于一个好的驾驶员,应在行车中锻炼听觉,听清汽车各部位发出的声音,并从中判断出异响和故障。

汽车和发动机出现故障送修时,汽车维修人员往往在停车状态下起动发动机，让发动机以不同的转速运转，以听觉检查和诊断发动机的故障；对于底盘和传动器的故障，往往以路试的方法，让汽车以不同工况行驶，检查和听诊汽车故障；对于发动机的疑难故障，还可以借助于听诊器和简单的器具进行听诊，例如可用一个长杆听诊棒听诊曲轴和连杆机构的响声，可以听到配气机构的响声；可用一个胶管，插进量油尺孔中，下端在机油盘油面之上可听清曲轴响声，可以听到活塞环对口处窜气的响声。

4. 嗅

嗅就是凭借嗅觉来判断散发出来的气味，并根据情况的不同诊断故障。有的故障发生时会发出不正常的气味。比如，非金属材料烧糊的特殊气味，表示离合器摩擦片烧损或电线烧毁；发动机排气的异味，表示发动机烧机油和发动机燃烧不完全。如果异味较大，在汽车制动时更明显的话，就应调整或修理发动机。总之，汽车运行中一旦发生异味，或者异味较大时应停车进一步检查，以查清故障根源，采取相应的措施，使之消除异味，如是汽车故障则应排除或将汽车送修。

5. 摸

摸就是用手接触可能发生故障的部位，并通过温度、震动、漏气等情况来判断故障。比如，当发现发动机过热而冷却系统中有冷却液时，可用手摸一摸散热器的上部和下部，可以判断是节温器损坏还是散热器进水口堵塞；摸一摸水泵出水口胶管可以感到水流压力波动，说明水泵工作正常。

6. 试

试就是指通过试运转或更换零件的方法来对故障进行诊断。比如，汽车制动系统不灵，可在汽车停放位置踏下一脚制动踏板，制动系统立即发出一套制动动作，试验者可以根据各制动器发出的响声判断制动系统的故障；如果一时还判断不清，还可以路试一下，在一定速度下踏下一脚制动踏板，制动系统工作，试验者可以根据汽车制动后的反应和各制动器发出的响声等情况综合判断制动系统的故障。

直观诊断法并无严格的程序，需要根据具体情况灵活应用。一般通过“问、看、听、嗅、摸、试”得到故障信息，进一步综合分析，都能准确、迅速地查出故障。

二、仪器检测法

仪器检测法指在汽车总成不解体条件下，以模拟道路条件的室内设备代替路试，用测试仪表或检查设备测试汽车性能和故障的参数、曲线或波形，并与正常技术状况时进行比较，从而比较准确地诊断出汽车技术状况和故障。仪器诊断法的诊断比较客观，并且检查速度快，准确性高，能定量分析，发现潜在的故障，并能预报出总成或机件的使用寿命。但仪器检查法所需要的仪器和设备多，操作人员多，占用厂房大，因而投资也大。仪器检查法多适用于大型维修企业和汽车检测站，它是现代汽车维修技术的发展方向。

第二节　发动机故障诊断

一、汽油机油路故障诊断

1. 油路故障诊断

汽油机油路故障是指汽油箱、汽油滤清器、汽油泵、化油器和连接的油管等工作不良而出现的现象。油路故障会造成发动机功率降低、燃料损耗、起动性能变坏，影响汽车的正常使用，因此，必须及时准确地诊断，排除故障。

油路常见故障的发生部位如图 5－1 所示。

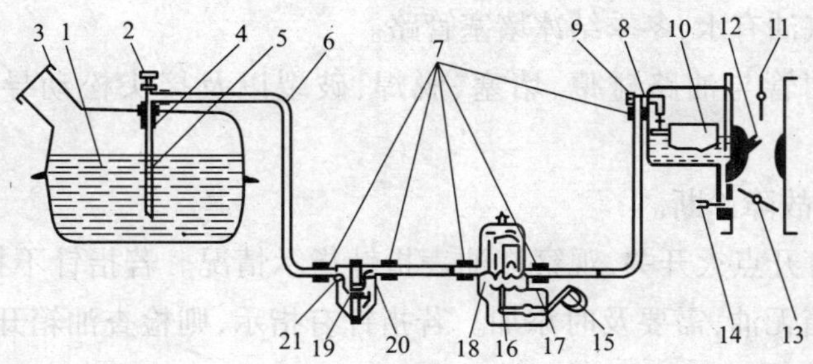

1 – 油箱存油不足　2 – 油箱开关未打开　3 – 油箱空气孔堵塞
4 – 油箱上油管锡焊处断裂　5 – 油箱上油管堵塞　6 – 油管破裂
7 – 油管接头松动　8 – 压油器进油接头滤网堵塞　9 – 三角针阀卡死或不严密
10 – 浮子破裂　11 – 阻风门未全开　12 – 主量孔或喷嘴堵塞
13 – 节气门轴松旷　14 – 怠速调整螺钉调整不当　15 – 汽油泵摇臂磨损
16 – 汽油泵内外摇臂接合处磨损，膜片破裂　17 – 汽油泵油杯衬垫漏气
18 – 汽油泵滤网堵塞　19 – 汽油滤清器滤芯堵塞
20 – 汽油滤清器沉淀杯衬垫漏气
21 – 汽油滤清器中心螺栓衬垫漏气

图 5 – 1　汽油机油路常见故障部位

2. 不来油

(1)故障现象。

①发动机在运转中逐渐熄火，再起动困难。

②在点火系正常工作的情况下，发动机不能起动或起动后逐渐熄火。

③发动机有明显供油不足与熄火现象。

(2)故障原因。

①油箱无油、空气阀堵塞或油箱开关关闭、油管滤清纱罩堵塞。

②汽油滤清器堵塞或汽油泵失效。

③高温或高原条件下行驶时产生气阻。

④化油器工作不良。

⑤汽油有水,冬季结冰堵塞管路。

⑥油管与油路碰瘪、堵塞、脱焊、破裂以及接头松动导致漏油漏气。

(3)故障诊断。

①打开点火开关,观察汽油表指针指示情况。若指针不指示,则说明油箱无油,需要及时添加。若指针有指示,则检查油箱开关是否打开,若油箱开关未打开,则打开即可。

②如果车辆在行驶中逐渐熄火,可通过化油器浮子室检测窗孔检查油面是否正常。如果油面正常,则应该拆检化油器主供油装置。此时故障为化油器主量孔堵塞或主工作装置工作不良。

③若浮子室无油,应拆下化油器进油管接头。摇转手柄或用手油泵泵油,观察出油情况。若出油正常,应拆检化油器。此时故障为化油器进油口的滤网堵塞或进油针阀卡死。

④若化油器进油管出油不正常,则应检查外油路。此时,用手扳动汽油泵手柄泵油,如果来油,则应对汽油泵进行调整或修理。此时故障为汽油泵摇臂磨损过大或调整不当。

⑤若用手扳动汽油泵手柄泵油仍供油不正常,可用打气筒由滤清器进气管向油箱方向打气。若在油箱处听到有气泡声,说明此处管路畅通。若无气泡,说明此段管路不通,应予以疏通清洁。

⑥若打气不通或进油管放低吸油后出油不畅、不来油,应检查油箱、油管和滤清器。此时故障可能为油箱、油管和滤清器有污物或冬季油中有水结冰堵塞。也可能是油箱、油管和滤清器因为破裂或松动而出现漏气现象。判断故障之处可以采用逐段吸气或缸吸的方法。

⑦在高原或高温条件下行驶时,出现供油不足或熄灭现象,应停车对管路与汽油泵用冷水降温,如果情况好转,则说明故障是由于气阻所致。

3. 混合气过浓

(1)故障现象。

①发动机起动后,排气管有大量黑烟排出,而且伴有“突突”的响声。

②发动机起动或熄火后,再起动困难。浮子室油面过高,化油器节气门、浮子室衬垫等处渗油。

③发动机运转不稳,明显动力不足而且油耗量增加很多。

④燃烧室火花塞积炭,拆下火花塞时,电极表面有潮湿汽油。

(2)故障原因。

①空气滤清器过脏、堵塞。

②阻风门不能完全打开或基本处于关闭状态。

③主量孔扩大或没旋紧,可调式主量孔调节针旋出过多。

④汽油化油器的浮子室进油针阀关闭不严、浮子破裂瘪了而卡住,使浮子室的油面过高。

⑤化油器加速、加浓装置失效。

⑥主供油装置空气制动量孔堵塞。

(3)故障诊断。

①若浮子室油面正常,应拆下空气滤清器,检查阻风门的开度。若阻风门开度不足,说明故障在阻风门,应进行修理。若阻风门开度正常,应检查空气滤清器是否过脏。若空气滤清器正常,应检查、清洗化油器。

②若浮子室油面过高,可用起子木柄轻轻敲打化油器盖进油针阀处。若油面下降,说明故障在于针阀与座有卡滞现象。若油面不下降,应拆检化油器。此时故障为化油器浮子破裂下沉或浮子臂变形或油面调整不当以及汽油泵泵油压力过高。

③若上述均正常,则对于固定主量孔的化油器,应检验主量孔是否扩大,同时检查其是否旋紧。对于可调式主量孔的化油器,应检查

调节针是否旋出过多。

④若发动机在中、小负荷时，排气管有大量黑烟排出，而且伴有“突突”的响声。此时故障可能是真空省油装置的活塞磨损或其真空通道堵塞。

⑤若发动机在较大负荷时，排气管有大量黑烟排出，而且排气有放炮声，同时油耗大量增加，此时故障可能是机械加浓时间过早或主供油装置空气制动量孔堵塞。

4. 混合气过稀

(1)故障现象。

①发动机不容易起动，或起动后转速不易提高。

②发动机怠速不稳，容易熄火。

③发动机加速时，化油器有回火现象。有时排气管有放炮声。

④汽车行驶动力不足，拉起阻风门，情况有好转。

⑤发动机过热，排气管易烧红。

(2)故障原因。

①浮子室油面过低。

②汽油滤清器堵塞或漏气。

③固定式主量孔堵塞，可调式主量孔调节针旋出过少。

④汽油滤清器及汽油泵沉淀杯中淤塞或汽油中有水，气阻等引起供油不足。

⑤进气系统漏气。

⑥主供油装置空气制动量孔过大。

(3)故障诊断。

①在汽车行驶中，发现动力不足，或有回火现象时，应稍拉阻风门，如情况好转，则表明工作不良是混合气过稀所致。

②若浮子室油面过低，应调整浮子室油面高度。检查管路是否有漏气、漏油现象，汽油滤清器是否堵塞。若上述正常，则应重点检查汽油泵。

③若浮子室高度正常，旋出化油器主量孔配剂针少许，观察汽车

运转情况。如情况好转,则表明故障在于配剂针对上述调整不当造成主量孔供油过少。如情况没有好转,则应拆检化油器。此时故障可能是化油器进油滤网过脏而堵塞,主量孔、加浓阀部分堵塞等。

④若化油器和供油装置均正常,应检查发动机进气歧管与缸体间衬垫是否有漏气。

5. 急加速不良

(1)故障现象。发动机在突开节气门,即在急加速时,转速不能立即提升,而且伴有化油器回火或熄火现象。发动机在缓开节气门,即在慢慢加速时,发动机运转正常。发动机怠速不稳,容易熄火。

(2)故障原因。

①加速量孔或油道堵塞。

②加速泵联动装置松旷或脱落。

③加速泵弹簧弹力过软。

(3)故障诊断。

①将发动机熄火后,检查加速泵联动装置是否脱落。若脱落,说明故障在此。

②若加速泵联动装置良好,应卸下空气滤清器,连续突然开闭节气门,观察化油器上口加速喷嘴有无急速喷油。若无油喷出或微量喷出,说明故障在加速装置上。拆开化油器上体,检查加速泵杆活塞卡簧是否脱落及加速泵弹簧是否折断或弹力不足。

③若上述均正常,应进一步检查活塞皮碗是否磨损过大,进出油阀工作是否正常,加速量孔、油道是否堵塞。

6. 无怠速

(1)故障现象。

①踩下加速踏板发动机运转正常,抬起后就会熄火。

②汽车停驶时,发动机怠速运转良好,但行驶时,当变速器脱入空挡就熄火。

③发动机怠速运转不稳,伴有“发抖”现象时。转速过高,无法调整到正常范围或调低就熄火。

(2)故障原因。

①化油器节气门下方漏气。

②怠速量孔和怠速空气量孔堵塞。

③浮子室油面过高或过低。

④化油器怠速调整螺钉调整不当。

⑤节气门调整螺钉调整不当。

⑥节气门回位弹簧弹力不足。

⑦节气门轴松旷或节气门关闭不严。

⑧真空省油装置漏气。

(3)故障诊断。

①检查浮子室油面是否正常,如果浮子室油面过高或过低,应予以调整。

②若浮子室油面正常,则故障可能在于化油器怠速调整螺钉和节气门调整螺钉调整不当。仔细调整化油器怠速调整螺钉和节气门调整螺钉,如果能调出怠速,则说明故障在此。

③若不是上述原因,可将发动机怠速调整稍高,在化油器座和进气管衬垫周围加注机油,观察机油能否被吸入,若机油被吸入,则说明该处漏气。

④若化油器节气门下方不存在漏气现象,则应检查怠速量孔和怠速空气量孔有无堵塞。

⑤若仍不是上述原因,则应进一步拆检真空省油装置。此时,故障可能是真空省油装置漏气。

此外,点火系工作不正常也会引起怠速熄火或怠速不稳。

7. 怠速过高

(1)故障现象。发动机怠速时转速过高,无法调整到正常范围或调低就熄火。

(2)故障原因。

①节气门回位弹簧弹力不足。

②化油器怠速调整螺钉调整不当。

③节气门调整螺钉调整不当。

④怠速量孔和怠速空气量孔堵塞。

⑤节气门轴松旷或节气门关闭不严。

⑥真空省油装置漏气。

(3)故障诊断。

①发动机发动后,关闭节气门,若此时怠速正常,说明故障在于节气门回位弹簧弹力不足。

②若上述无效,则故障可能在于化油器怠速调整螺钉和节气门调整螺钉调整不当。仔细调整化油器怠速调整螺钉和节气门调整螺钉,如果情况好转,则说明故障在此。

③若不是上述原因,而且浮子室油面正常,可将怠速空气量孔用手或其他方式堵上。如果情况没有好转,则说明空气量孔本来就堵着,应加以疏通。

④若化油器节气门下方不存在漏气现象,则应检查怠速量孔和怠速空气量孔有无堵塞。

⑤若仍不是上述原因,则应进一步检查节气门是否关闭不严,节气门轴是否松旷。

二、汽油机电路故障诊断

1. 电路故障诊断

发动机的电路故障,一般都突然发生且其现象复杂。究其原因,一般包括短路、断路、火弱或点火不正时等几种类型。诊断故障时,应先检查低压部分,然后检查高压部分,最后检查配电部分和点火正时部分。具体情况可以采取以下几种方法:

(1)直观诊断法。汽车电路发生故障时,往往伴有冒烟、火花、异响、焦臭和发热等异常现象。这些现象可以通过人的眼、耳、鼻等感官感觉到,从而可以直接判断出故障所在部位和故障原因。

(2)短路试验法。当汽车电路出现断路故障时,也可以用短路法判断。即用起子或其他导体将被怀疑有断路故障的电路短接,借助仪表指针的变化或短接时火花的变化来判断电路中是否存在断路故障。

(3)断路试验法。即将怀疑有搭铁故障的电路段断开后,观察电器设备中搭铁故障是否还存在,以此来判断电路搭铁的部位和原因。

(4)试灯检查法。即用一只汽车灯泡作为试灯,通过观察其是否变亮来检查电路中有无断路故障。

(5)仪表检查法。通过观察汽车仪表板上的电流表、水温表、燃油表、机油压力表等的指示情况,判断电路中有无故障。例如,发动机冷态,接通点火开关时,水温表指示满刻度位置不动,说明水温表传感器有故障或该线路有搭铁。

(6)单缸断火法。将某一缸的高压线拔下,并对着缸体放电,通过观察发动机工作状况的变化,诊断该缸的火花塞与汽缸的工作情况。

(7)低压搭铁试火法。即拆下用电设备的某一线头对汽车的金属部分(搭铁)碰试而产生火花来判断。这种方法比较简单,是广大汽车电工经常使用的方法,搭铁试火法可分为直接搭铁和间接搭铁两种。所谓直接搭铁,是指未经过负载而直接搭铁产生强烈的火花。例如,我们要判断点火线圈至蓄电池一段电路是否有故障,可拆下点火线圈上连接点火开关的线头,在汽车车身或车架上刮碰,如果有强烈的火花,说明该电路正常;如果无火花产生,说明该段电路出现断路。间接搭铁是通过汽车电器的某一负载搭铁产生微弱的火花来判断线路或负载是否有故障。例如,将传统点火系断电器连接线搭铁(回路经过点火线圈初级绕组),如果有火花,则说明这段线路正常;如果无火花,则说明电路有断路。特别值得注意的是,试火法不能在电子线路汽车上应用。

(8)高压试火法。对于高压电路进行搭铁试火,通过观察火花的状况,判断点火系的工作情况。具体方法是:取下点火线圈或火花塞的高压导线,将其对准火花塞或缸盖等,距离约5mm,然后接通起动开关,转动发动机,看其跳火情况。如果火花强烈,呈天蓝色,且跳火声较大,则表明点火系工作基本正常;反之,则说明点火系工作不正常。

2. 常见故障

电路常见故障的发生部位如图5-2所示。

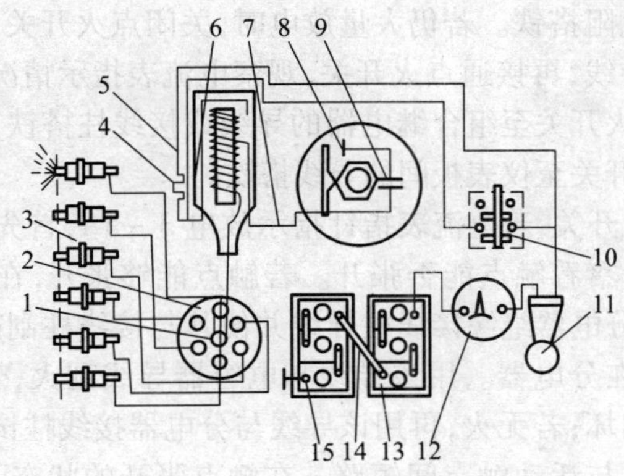

1－分火头漏电　2－分电器盖漏电

3－火花塞电极间隙不当或油污　4－附加电阻短路、断路

5－点火开关接线柱接触不良　6－电源开关接线柱接触不良

7－初级线圈接线柱至分电器连线工作不良　8－断电器触点工作不良

9－电容器击穿或失效　10－启动开关工作不良

11－点火开关工作不良　12－电流表损坏

13－蓄电池存电不足或极桩锈蚀　14,15－蓄电池极桩连接不良

图5－2　电路常见故障原因及发生部位

(1)低压电路短路。

①故障现象。电流表指示异常,发动机不能发动,而且无着火征兆。

②故障原因。点火线圈“开关”接线柱至断电器触点间有搭铁故障;电容器短路;点火开关内部搭铁;点火开关至点火线圈电源接线柱间的导线或接线柱搭铁;点火开关至组合继电器的导线或接线柱搭铁;分电器断电触点间隙过小不能张开等。

③故障诊断。打开点火开关,若电流表指针指示大量放电,应立即关闭点火开关,并将点火开关拆下,再打开点火开关。若电流表指示正常,则表明点火开关搭铁。若电流表仍指示大电流放电,应再关闭点火开关,并拆下通往点火线圈的导线,再打开点火开关,观察电流表指示情况。若不大量放电,说明通往点火线圈或起动机开关的

导线或附加电阻搭铁。若仍大量放电时，关闭点火开关，拆下通往组合继电器的导线，再接通点火开关，观察电流表指示情况。若不大量放电，说明点火开关至组合继电器的导线或接线柱搭铁；若仍大量放电，说明点火开关至仪表板间的导线搭铁。

打开点火开关，若电流表指针指示放电 3 ~ 5A，首先打开分电器盖，摇转曲轴，察看触点能否张开。若触点能够张开，在触点张开的状态下，拆下分电器绝缘接线柱导线并使其与接线柱刮碰试火，若有火，说明故障在分电器。用该导线与电容器导线刮火，若有火，说明电容器击穿损坏；若无火，再用该导线与分电器接线柱试火，若有火，说明该接线柱与活动触点间短路。在触点张开的状态下，拆下分电器绝缘接线柱导线并使其与接线柱刮碰试火，若无火，应拆下点火线圈通分电器低压接线柱的导线与该接线柱刮火。若有火，说明这根导线有搭铁之处；若无火，说明点火线圈有搭铁之处。应拆下点火线圈开关接线柱导线并与该接线柱刮火，若无火，说明低压线圈与外壳搭铁；若有火，说明该导线有搭铁之处。

(2)低压电路断路。

①故障现象。打开点火开关，转动曲轴，若电流表指针指示为“0”，且不能做间隙摆动，说明蓄电池至分电器触点间有断路故障。

②故障原因。蓄电池电量严重不足或内部断路；蓄电池接线柱与导线夹头、搭铁线松脱或接触不良；附加电阻断路；分电器触点间隙过大不能关闭；点火线圈的初级线圈断路；低压电路中有导线断路，接头松脱或接触不良等。

③故障诊断。采用分段短路试火的方法进行判断检查。首先按喇叭或开大灯，观察其工作情况。如果喇叭不响与大灯不亮，则说明蓄电池至电流表之间有断路。拆下起动机开关的接线柱的导线做短路试火，若无火，则表明蓄电池至起动机之间有断路，应检查蓄电池是否有电，蓄电池接线柱与导线夹头、搭铁线松脱或接触不良。若有火，则表明起动机接线柱至电流表之间有断路。应检查电流表是否损坏，此段导线与接线柱是否松脱。

如果喇叭响与大灯亮，则表明电流表至蓄电池之间良好，故障在电流表至分电器触点间。用扳手在点火线圈通分电器的“-”极低压接线柱上作短路试火。如无火，则表明点火线圈低压接线柱至电流表间有故障，应检查点火线圈初级线圈是否断路，并逐段接地试火。有火与无火之间即为断路之处。如有火，则表明点火线圈低压接线柱至分电器触点间有故障，也采用逐段接地试火法，找出断路之处。

(3)高压电路工作不良。

①故障现象。打开点火开关，转动曲轴，若电流表指针指示放电3~5A，并能做间隙摆动，说明故障在高压电路。

②故障原因。点火线圈中央高压线插孔漏电；中央高压线脱落或漏电；分火头漏电或未装；多数高压分线脱落或漏电；分电器中央插孔窜电；点火线圈工作不良；电容器失效等。

③故障诊断。首先拔出分电器盖中央高压线，使线端距离缸体6~7mm，使分电器触点闭合，接通点火开关，观察高压跳火情况。

若无火，将中央高压线的另一端拔出少许，拨动分电器活动触点，观察点火线圈的高压插座是否向中央高压线跳火。若跳火，说明中央高压线漏电；若不跳火，说明点火线圈中央高压线插孔漏电或高压线圈损坏。

若火花弱，检查电容器是否失效，若电容器正常，应检查点火线圈。

若火花正常，应将中央高压线装回，分别取下各缸高压分线，使线端距离缸体6~7mm，摇转曲轴，观察火花情况。若无火，则为分火头漏电、分电器中央插孔窜电或多数高压分线漏电。若火花弱，则应检查分火头是否松旷、点火是否正时、火花塞工作是否良好。

(4)点火时间过早。

①故障现象。打开点火开关，手摇发动机时有倒转现象；发动机加速时，汽缸内有明显的爆震声；发动机怠速运转不平稳，容易熄火；发动机起动阻力大，温度容易升高。

②故障原因。点火正时调整过早；分电器断电器触点间隙过大；点火提前装置的机械部分工作不良，使分电器动作失灵，低速时不能复位；分电器外壳固定螺钉松动等。

③故障诊断。首先检查分电器外壳固定螺钉是否松动，若松动，应予以紧固。

若分电器外壳固定螺钉紧固正常，检查分电器断电器触点间隙是否过大，如不符合要求，应进行调整。

放松分电器外壳固定螺钉，转动分电器外壳，重新校正点火正时，使发动机起动容易运转平稳，在加速时无明显敲击声，急加速时，稍有敲击声，而随即消失。然后，拧紧分电器外壳固定螺钉。

若上述检查后仍未排除故障，则应拆检分电器，检查点火提前装置的机械部分是否有卡滞现象。如有，则应进行检修，使其工作正常和灵活。

(5)点火时间过晚。

①故障现象。发动机不易起动；发动机行驶无力，温度容易升高；消声器排气响声沉重，并有排火现象；加速困难，并伴有排气管放炮现象；急加速时，化油器有时回火。

②故障原因。点火正时调整过迟；分电器断电器触点间隙过小；分电器外壳固定螺钉松动等。

③故障诊断。首先检查分电器外壳固定螺钉是否松动，若松动，应予以紧固。

若分电器外壳固定螺钉紧固正常，检查分电器断电器触点间隙是否过小，如不符合要求，应进行调整。

放松分电器外壳固定螺钉，转动分电器外壳，重新校正点火正时，使发动机加速灵敏，运转平稳，然后，拧紧分电器外壳固定螺钉。

若上述检查后仍未排除故障，则应拆检分电器，检查分电器的点火提前装置的工作是否正常和灵活。

(6)点火错乱。

①故障现象。发动机不易起动；汽车起动时，伴有回火放炮现象；急加速时，回火放炮现象严重。

②故障原因。高压分线顺序插错；分电器盖、高压分线漏电、窜电；分电器凸轮与轴之间磨损松旷；断电器固定触点的锁紧螺钉松动；点火正时严重不准。

③故障诊断。检查各缸高压线的插接顺序与发动机的工作顺序是否一致,分电器盖、高压分线有无漏电、窜电现象。

检查分电器凸轮与轴之间的磨损情况,如出现滑转,应予以检修。检查断电器固定触点的锁紧螺钉松动。若上述检查后仍未排除故障,则应拆检分电器,此时,故障可能在于点火正时严重不准,应重新校正。

第三节　底盘故障诊断

一、传动系故障诊断

1. 离合器故障诊断

(1)离合器打滑。

①故障现象。汽车起步时,完全放松离合器踏板,汽车仍不能起动或起动困难;加速时,汽车速度不能迅速提高,感觉到行驶无力;汽车重载、上坡或在泥泞道路上行驶时,可以嗅到离合器摩擦片的焦臭味。

②故障原因。离合器自由行程太小或没有行程;离合器的压紧弹簧或膜片弹簧过软或折断;摩擦片严重磨损变薄、硬化,铆钉外露或摩擦片沾有油污;离合器与飞轮连接螺栓松动;分离杠杆调整不当,其内端不在同一个平面上;离合器压盘或发动机飞轮表面翘曲变形。

③故障诊断。起动发动机,拉紧驻车制动器,挂上离合器,慢慢放松离合器踏板并逐渐加大油门。若汽车不动而且发动机不熄火,则说明离合器打滑,也可以不起动发动机,挂上低挡,拉紧驻车制动器,用手摇柄摇转曲轴,若能摇动,也说明离合器打滑。

检查离合器踏板自由行程是否符合规定,若不符合应予以调整。

若自由行程正常,可拆下离合器底盖,检查离合器盖与飞轮连接螺栓是否松动,若松动应予以拧紧。若不松动,在检查离合器盖与飞轮之间是否有调整垫片，若有，可用减少或拆除垫片的方法进行调整。

若故障没排除，应检查分离杠杆高度是否合适，如不符合规定，应重新进行调整。

若上述均无问题，应对离合器进行拆检。检查从动摩擦片的状况，若有油污，一般应拆下用汽油清洗并烘干，并找出油污来源。若摩擦片磨损过多或多数铆钉头外露，应更换摩擦片。若摩擦片良好，应检查压紧弹簧和膜片弹簧，如果压紧弹簧或膜片弹簧过软或折断，应予以更换。若检查发现离合器压盘或发动机飞轮表面翘曲变形，应拆下进行修理。

（2）离合器分离不彻底。

①故障现象。汽车起步时，将离合器踏板踩到底，仍感到挂挡困难，虽强行挂上挡，但不放松踏板，汽车就向前移动或发动机熄火；变速器挂挡困难或挂不上挡位，并从变速器内发出齿轮撞击声。

②故障原因。离合器自由行程过大；分离杠杆调整不当，其内端不在同一个平面上，个别分离杠杆或调整螺钉折断；从动盘翘起、铆钉松脱；双片离合器的中间压盘工作不良或发动机与传动轴的中间轴支承不良；从动盘花键孔与变速器输入轴花键齿锈蚀或有油污，使从动盘移动困难；离合器从动盘正反面装反；液压离合器的操纵系统中有空气或漏油等。

③故障诊断。拆下离合器底盖，将变速杆放到空挡位置上，将离合器踏板踩到底，用扳手推动离合器从动盘，若能轻松推动，说明离合器能分离，若推不动，说明离合器分离不开。

检查离合器踏板自由行程是否过大，若过大，应予以调整。

若离合器踏板自由行程合适，应检查分离杠杆的内端高低是否一致，分离杠杆支架螺栓是否松动，必要时进行调整。对于双片离合器，应检查其分离杠杆是否产生弯曲和限位螺钉与中间压盘的间隙是否合适。

检查膜片弹簧，若其内端过软或折断，应予以更换。支承铆钉松动，应予以紧固。

检查从动摩擦片是否过厚，可在离合器盖与飞轮间增加适当厚度的垫片进行，但各垫片的厚度应一致。对于双片离合器，应检查从动盘是否装反。

经上述检查和调整后仍无效时，可进一步检查从动盘是否翘曲或摩擦片是否破碎。检查离合器从动盘花键能否在变速器的第一轴上滑动自如。若发滞，说明故障在于两机件配合过紧。

对于液压操纵机构的离合器，应首先检查其操纵系统内是否有空气，如有空气应将空气排除。检查管路是否有漏油现象。如有漏油，应更换漏油处的密封件，同时补足液压系统中的制动液。然后再进行其他项目的检查。

(3)离合器发抖。

①故障现象。汽车起步时，离合器不能平稳接合，使车身发生抖动。

②故障原因。离合器没有自由行程；分离杠杆调整不当，其内端不在同一个平面上；离合器与飞轮壳固定螺栓松动或发动机支承固定螺栓松动；飞轮、压盘、从动盘表面发生翘曲或从动盘铆钉松动；压紧弹簧、膜片弹簧、减振器弹簧疲劳，弹力不足或折断；离合器摩擦片太光滑，从动盘沾有油污，铆钉头外露；分离叉轴松旷或支撑处破裂；离合器从动盘与变速器输入轴两者间因锈蚀、积污而卡滞等原因。

③故障诊断。检查离合器踏板自由行程是否合适，若没有自由行程，应予以调整。

若离合器踏板自由行程合适，应检查分离杠杆的内端高低是否一致，若不一致应进行调整。

踩、抬离合器踏板，检查分离轴承进退是否灵活。若发涩，说明分离轴承与导管间有油污，应进行清洗。

若仍没有排除故障，应检查变速器壳体间与发动机支撑固定螺栓是否松动，如有松动则应拧紧。

检查分离叉轴是否松旷、支承处有无破裂。

若上述检查没能查出故障原因，应拆下离合器分解检修。若离合器表面太光滑，可通过砂纸研磨的方法，使其变得粗糙。若离合器衬片被严重油污，应更换从动盘总成。若飞轮、压盘、从动盘表面发生翘曲,应进行修理。检查压紧弹簧、膜片弹簧、减振器弹簧有无疲劳,弹力不足或折断现象。检查离合器从动盘与变速器输入轴两者间是否有锈蚀、积污等现象。

2. 变速器的故障诊断

(1)跳挡。

①故障现象。汽车行驶中,变速杆自动跳回空挡。跳挡一般是在发动机中高速、负荷突然变化或车辆剧烈振动时发生。

②故障原因。变速器固定螺栓松动;变速器叉轴凹槽及定位球磨损松旷;定位弹簧过软或折断;拨叉弯曲、过度磨损,使齿轮不能正常啮合;啮合齿轮轴向间隙过大,各轴轴向间隙或径向太大;变速器同步器接合套与拨叉轴轴向间隙太大。轴承磨损严重,松旷或轴向间隙过大,使相互啮合的齿轮在传动时摆动或窜动;主轴的花键齿和滑动齿轮的花键槽磨损严重,在运转时上下摆动而引起跳挡。

③故障诊断。检查变速器与飞轮壳的连接螺栓是否松动,若松动,应按规定力矩拧紧。

若连接螺栓紧固良好,应检查齿轮和齿套在啮合部位的磨损情况以及其花键槽与输出轴向配合的花键是否磨损过大。

若上述正常,应检查变速叉、变速杆工作部位是否磨损、变形。检查变速器盖上该挡位的自锁装置是否失效。体验变速器换挡过程中的手感,若感到阻力很小或无阻力,说明变速器自锁装置失效,应检查自锁钢球和叉轴上的凹槽磨损情况自锁弹簧的弹力是否不足或折断。

若仍未发现故障所在,应检查变速器输入轴与曲轴的同轴度误差是否过大。检查时,旋松变速器固定螺栓,挂上直接挡,松开驻车制动器,用手摇柄转动发动机。变速器与变速器壳之间的接触面间的缝隙是否一致,若缝隙一边大一边小,可将缝隙塞住,然后拧紧变速器固定螺栓再试车。若故障消失或好转,则说明变速器输入轴与曲轴的同轴度误差过大,应拆检变速器。

(2)乱挡。

①故障现象。变速杆不能挂入空挡或挂上挡后不能退回空挡；挂入的挡位与应该挂入的挡位不相符；挂挡时，一次挂入两个挡，无法传递发动机的动力。

②故障原因。变速器球头的限位销松旷或折断；球头磨损过大，使变速杆不能正常的拨动变速叉；变速叉导块凹槽和变速杆下端工作面磨损严重；变速杆操纵机构的互锁装置损坏，失去互锁作用。变速器第二轴前端滚针轴承烧结，从而使第二轴与第一轴连成一体。

③故障诊断。转动变速杆，若能成圈转动，说明变速杆球头限位销磨损或脱落，应予以检查修理。

若同时能挂两个挡，说明变速拨叉轴互锁销或互锁钢球磨损严重而失去互锁作用。

如果变速器不能挂入所需要的挡位，挂挡后不能退回空挡，变速杆位置稍有误差就挂入另一个挡位，则说明变速杆下端弧形工作面和变速叉导块凹槽磨损过大。

若只有空挡和直接挡可以正常工作，其他挡均不能驱动汽车，则应检查变速器第二轴前端滚针轴承是否烧结，从而使第二轴与第一轴连成一体。

(3)换挡困难。

①故障现象。换挡时，拨动变速杆感到比较费力，不能顺利挂上挡。有时在换挡时出现齿轮撞击产生的异常响声。

②故障原因。润滑油油质不佳或数量不足；变速杆限位销配合松旷；同步器损坏；变速叉轴和互锁、自锁装置工作不良；变速器的输入轴弯曲或花键磨损严重；离合器不能分离或分离不彻底等。

③故障诊断。检查变速器的齿轮油的品质和数量是否合适。

检查变速杆，若变速杆能相对变速器顶盖明显转动，说明变速杆球头限位销配合松旷造成换挡困难。

若上述正常，应检查变速叉轴是否变形，若变速叉轴正常，应检查自锁和互锁装置的钢球是否损坏，弹簧的弹力是否满足要求。

对于有同步器装置的变速器，应检查同步器是否散架、同步器的内锥面的螺旋槽是否磨损严重、同步器的滑块是否磨损、同步器弹簧的弹力是否过弱、同步器换挡部件的移动是否卡滞。如同步器损坏失效,应更换新件。

若同步器正常,应检查变速器的输入轴是否弯曲,花键是否磨损。若均正常,则应检查离合器的工作情况,离合器不能分离或分离不彻底,也会造成换挡困难。

3.驱动桥故障诊断

(1)驱动桥过热。

①故障现象。汽车行驶一段路程后,手摸驱动桥感到烫手。

②故障原因。驱动桥润滑油不足或润滑油过稀;驱动桥轴承预紧度过大;主、从动锥齿轮啮合间隙过小。

③故障诊断。检查驱动桥润滑油的油量是否充足,若不足应予以添加。观察润滑油,若有变色、变稀现象,应及时更换新油。如果驱动桥是局部过热,一般为轴承过紧所致,应予以调整。如不是上述原因,且汽车运行中伴有异常响声,则应检查主、从动锥齿轮啮合间隙是否正常,若过小,应予以调整。

(2)驱动桥漏油。

①故障现象。润滑油从后驱动桥主减速器和半轴油封或其他衬垫处向外渗漏;后驱动桥有漏油痕迹。

②故障原因。油封老化、磨损、装配不当,油封与轴颈不同轴,导致油封封油不良而漏油;通气塞堵塞;密封衬垫太薄、硬化或损坏;紧固螺钉松动或损坏;润滑油的油量过多等。

③故障诊断。检查油封是否良好,若发现油封已损坏,应及时更换。检查通气塞是否畅通,若堵塞,应清洗、疏通。拧下减速器加油螺栓,检查润滑油油量和油质。若油量过多,应放出多余的润滑油至规定的位置。若润滑油变色或变稀,应予以更换。检查减速器主动齿轮轴是否漏油,若漏油,应拆检油封。检查驱动桥各接合部位是否漏油,若漏油,说明故障在于接合部位的衬垫损坏或紧固螺栓、螺母松动,应予以更换或紧固。对于装有半轴油封的驱动桥,若发现驱动

轮处漏油,则说明故障在于半轴油封损坏,应及时更换。

二、转向与制动系故障诊断

1. 转向系故障诊断

(1)转向沉重。

①故障现象。汽车转弯时,转动方向盘,感到沉重吃力。

②故障原因。前轮气压不足,钢板弹簧挠度尺寸不符;转向桥或车架弯曲变形;转向器、转向节销、横直拉杆等球头销关节部位和轴承部位调整过紧或接头缺油;转向器机件损坏或垂直臂与衬套配合过紧;转向节主销与衬套配合过紧或缺油;前轮定位失准,主销后倾角过大或过小,内倾过大,前束调整不当等。

③故障诊断。先检查前轮气压是否过低,若正常,应架起前桥并转动方向盘进行检查。如果转动方向盘比较轻便,则应检查前轮定位是否正确,前束、主销后倾角和主销内倾角是否合适。必要时,应拆开作测量检查。如果转动方向盘比较沉重,说明故障在转向器或转向传动机构。拆下转向垂臂,断开转向器和转向传动机构,转动方向盘,如感到轻松,说明转向传动机构有故障。应检查转向节销与衬套,止推轴承和横、直拉杆球节配合是否过紧,润滑是否良好,衬套是否烧蚀,必要时,应进行调整或更换。拆下转向垂臂,断开转向器和转向传动机构,转动转向盘,如仍感到沉重,说明转向器本身有故障,应检查转向器是否缺油或调整不当,转向器机件有无损坏或变形,垂臂轴与其衬套的配合是否过紧。

(2)低速摆头。

①故障现象。汽车在低速行驶时,感到方向不稳,产生前轮摆振。

②故障原因。前轴变形导致前轮定位失准;车辆装载货物超长,使重心后移;后轮胎气压过低;前钢板弹簧错位、折断或固定不良;转向盘游动间隙过大;转向器总成螺栓松动;转向传动机构横、直拉杆各球头销磨损松旷,弹簧折断或调整过松;转向节衬套磨损等。

③故障诊断。先从外观上进行检查,检查车辆是否装载货物超

长,后轮胎气压是否过低,前钢板弹簧是否错位、折断或固定不良。若轮胎气压过低,应充气使之达到标准值。若前钢板弹簧错位应拆卸修复,折断应予以更换,固定不良应进行调整,按规定力矩拧紧。

若外观检查没有发现问题,应检查转向盘游动间隙,若间隙过大,说明摆动是由转向器和转向传动机构间隙过大、连接松动引起的,应对转向器、拉杆球头及各部连接情况进行检修、调整和紧固。

若通过以上检查均正常,应架起前轮,用手沿转向节轴轴向推拉前轮,凭感觉判断是否松旷。若感觉松旷,应检查转向节主销与衬套的配合间隙是否过大;前转向轮的轮毂轴承是否松旷。若转向节主销与衬套的配合间隙过大,应加以修理或调整。若不是上述原因,应检查测量是否因前轴的变形而引起前轮的定位失准。

(3)高速摆头。

①故障现象。汽车在高速行驶时,转向盘发抖,车头在横向平面内左右摆动、行驶不稳等。

②故障原因。传动轴、车轮总成动不平衡;前轮定位不准确;减振器失效、前钢板弹簧刚度太低或松动;转向盘游动间隙过大;前桥、转向机件产生松动等。

③故障诊断。首先检查前桥、转向机件是否产生松动,若有松动,应予以调整紧固。若正常,则应支起驱动桥,用三角架塞住非驱动轮,起动发动机,并逐渐使汽车换入高速挡。若此时车身和方向盘出现抖动,说明故障在于传动系部件安装松动或传动轴弯曲、动平衡不良。若此时车身和方向盘不抖动,应检查减振器是否失效;前钢板弹簧刚度是否太低或松动。若减振器失效,应予以更换。若前钢板弹簧折断或刚度太低,应予以更换。

若通过以上检查均正常,应在车轮平衡机上检查前轮的平衡情况,检查轮辋径向圆跳动误差是否过大,前轮旋转质量的不平衡度是否过大,制动鼓是否失圆。若不是上述原因,则说明故障在于前轮的定位失准。应通过专用的检测仪器进行检测。

(4)汽车跑偏。

①故障现象。汽车直线行驶时,转向盘自动偏向一边,驾驶员必须紧握方向盘,不断校正方向,才能保持直线行驶。

②故障原因。两前轮气压不一致或轮胎直径不一致;钢板弹簧疲劳折断或两边弹力不一致;左、右轮毂轴承的松紧度不等;一侧前轮制动器拖滞;前后两车桥的两边轴距不等;车架与车轴变形等。

③故障诊断。首先检查左、右车轮轮胎气压是否一致,若不一致,应按规定气压充至一致。检查左、右车轮轮胎的磨损程度,若磨损程度不一致,应更换磨损严重的轮胎。将汽车停放在平坦的地面上,察看车身两边高度是否一致,若高度不一致,则应检查钢板弹簧是否折断或弹力不均,必要时应予以更换。

用手摸一下跑偏一侧的制动鼓和轮毂轴承处是否过热,若发热,说明制动器制动间隙过小或轮毂轴承过紧,应予以调整。

若仍没有查出故障原因,应检查前后车桥的两边轴距是否相等,若不相等,说明轴距短的一边钢板弹簧错位,车轴或半轴套管弯曲等,应检查维修。若不是上述原因,则应检查前轮的定位是否正确,若不正确,应进行调整。

2. 制动系故障诊断

(1)气压制动系制动不灵。

①故障现象。汽车在行驶中,将制动踏板踩到底后,车辆仍不随即减速、停车,制动距离达不到规定要求。

②故障原因。储气筒内压缩空气不足;制动踏板自由行程过大;制动控制阀和制动气室膜片破裂、损坏或平衡弹簧预紧力过小。制动调整臂蜗杆调整不当,使制动气室推杆行程过长;制动系漏气或管路堵塞;制动蹄片与制动鼓间隙过大或蹄片上有油污、泥水等。

③故障诊断。首先检查踏板自由行程是否合适,如不符合规定,应进行调整。

起动发动机运转数分钟,察看气压表数值能否达到标准。若气压不足,发动机停止运转后,气压也不明显下降,说明无漏气现象。故障在空气压缩机,此时,应检查风扇传动带是否过松或折断。如风扇传动带正常,再检查空气压缩机至储气筒一段有无漏气,如均良好,则应拆检空气压缩机。

如发动机在运转时,未踩下制动踏板,储气筒内气压不断升高,但发动机熄火后,气压自动下降,说明空气压缩机至制动控制阀进气阀之间的气道漏气。

若储气筒内的气压符合要求,踩下制动踏板后,气压不断下降,则说明制动控制阀到各制动气室之间有漏气处,或膜片破裂。

若踩下制动踏板后,气压表读数下降正常,则应调整车轮制动器,若调整之后,故障仍未排除,则应检查制动气室推杆行程是否过长,制动凸轮是否缺油或锈死,制动蹄片与制动鼓间隙是否过大,蹄片上有油污、泥水,制动鼓有无失圆或起槽等。

(2)液压制动系制动不灵。

①故障现象。汽车在行驶中,将制动踏板踩到底后,车辆仍不随即减速、停车,制动距离达不到规定要求。

②故障原因。制动踏板自由行程过大;制动油管和制动油缸里有空气;制动管路有堵塞或漏气现象;制动总泵的机件损坏或工作不良;车轮制动器磨损严重,制动间隙过大,制动时,摩擦片与制动鼓之间接触不良;车轮制动器摩擦片表面硬化、油污或铆钉外露等。

③故障诊断。首先检查踏板自由行程是否合适,如不符合规定,应进行调整。检查储液室中制动液液面高度是否符合要求,如果液面太低,说明制动系有泄漏处,应查明原因并及时排除。

若连续踩下制动踏板后,踏板能逐渐升高,而且感到有弹力,松开踏板稍停一会再踏,如无变化,则说明制动系统内有空气。此时,应对制动系进行排气。若产生气阻,应更换质量高、符合要求的制动液。

若踩下踏板时,踏板位置很低,再连续踩踏板,位置还不能升高,一般为制动主缸通气孔或补偿阀堵塞,应检查疏通。

若踩下踏板后,踏板高度符合要求,但制动效果不好,则为车轮制动器的故障,如摩擦片表面硬化、油污或铆钉外露,制动鼓失圆或鼓壁过薄等。

(3)制动拖滞。

①故障现象。踩下制动踏板时感到高而硬,没有踏板自由行程;汽车起步困难,行驶无力,当放松油门踩下离合器时,就立即降速并有制动的感觉;汽车行驶一段距离后,用手触摸制动鼓,感觉发烫。

②故障原因。制动踏板自由行程过小或没有自由行程;制动总泵的机件损坏或工作不良;制动蹄不能在支承销上自由转动;油管内有污物堵塞而回油不畅;制动蹄摩擦片与制动鼓之间间隙过小;车轮制动器的机件损坏或工作不良等。

③故障诊断。汽车行驶一段里程后,用手触摸各制动鼓,若全部制动鼓都发热,说明故障在制动主缸。若只有个别制动鼓发热,说明故障在车轮制动器。

若故障在制动主缸,则首先检查踏板自由行程是否合适,如不符合规定,应进行调整。若自由行程符合规定,踩下制动踏板,观察踏板回位情况,若踏板不能迅速回位,说明踏板回位弹簧过软或折断,应予以更换。

若制动踏板回位正常,可将制动主缸储液罐打开,连续踩下并放松制动踏板,观察回油情况。如不回油,说明主缸回油孔堵塞,应予以疏通;若回油缓慢,说明皮碗、皮圈发胀或回位弹簧无力,应拆下制动主缸分解检修。

若故障在车轮制动器,应先拧松放气螺钉,若制动液急速排出,制动蹄回位,则说明故障在于油管堵塞,应予以疏通。若制动蹄不能回位,则应调整制动蹄摩擦片与制动鼓之间的间隙。若经过上述检查,制动仍然拖滞,则应拆检车轮制动器。

(4)制动跑偏。

①故障现象。汽车在行驶中采用制动减速时,行驶方向发生偏移;汽车紧急制动时,行驶方向急转或车辆甩尾。

②故障原因。左右车轮的轮胎气压、花纹、规格或磨损程度不一致;左右车轮摩擦片与制动鼓间隙大小不一致;左右制动蹄回位弹簧

拉力相差太大;个别车轮的摩擦片有油污、硬化或铆钉外露;个别制动缸内有空气,活塞运动不灵活,皮碗发胀或油管堵塞;前钢板弹簧有断片,或弹簧的弹力不等;车架变形;前轮前束调整不当等。

③故障诊断。首先对车辆进行路试,在行驶中采用制动时,若车辆向左偏移,则说明右侧车轮制动不灵,向右偏移,则说明左侧车轮制动不灵。停车后,查看轮胎的拖印情况,拖印短或不拖印的一边,车轮制动不灵。

当确定某一侧的车轮制动不灵后,应调整车轮摩擦片与制动鼓之间的间隙,排除制动轮缸内的空气。如仍未排除故障,则应拆检车轮制动器,检查摩擦片有无油污、硬化或铆钉外露,检查活塞、皮碗和油管的状况。如有活塞运动不灵活、皮碗发胀或油管堵塞现象,应予以修理或换件。

若左右车轮的制动效能均良好,则应检查左右车轮的轮胎气压、花纹、规格或磨损程度是否一致;前钢板弹簧有断片,或弹簧的弹力不等;车架有无变形。

若仍没有查出故障原因,应检查前后车桥的两边轴距是否相等,若不相等,应予以检查维修。若制动时,汽车时而左偏时而右偏,则应检查前轮前束是否正确,若不正确,应进行调整。